PROYECTO SABER HACER

W0405075

Iniciación a la Actividad Emprendedora y Empresarial

SERIE **EMPRENDE**

NIVEL II ESO

El libro Iniciación a la Actividad Emprendedora y Empresarial II, para ESO, es una obra colectiva concebida, diseñada y creada en el Departamento de Ediciones Educativas de Santillana Educación, S. L., dirigido por **Teresa Grence Ruiz**.

En su elaboración ha participado el siguiente equipo:
Eneko Martínez Goikolea
José Luis Ibáñez Salas

EDICIÓN
José Luis Ibáñez Salas

DIRECCIÓN DEL PROYECTO
Mercedes Rubio Cordovés

Las actividades de este libro no deben ser realizadas en ningún caso en el propio libro. Las tablas, esquemas y otros recursos que se incluyen son modelos para que el alumno los traslade a su cuaderno.

SANTILLANA

ÍNDICE

Esquema del libro

El libro se organiza en ocho unidades y un apéndice. Las distintas secciones de cada unidad se orientan al desarrollo de las competencias de los alumnos, especialmente a la del **SENTIDO DE INICIATIVA Y EMPRENDIMIENTO**.

Página inicial: presentación de la unidad.

Se especifican los contenidos (**Saber** y **Saber hacer**) de la unidad.

Un breve texto introductorio explica los objetivos de la unidad.

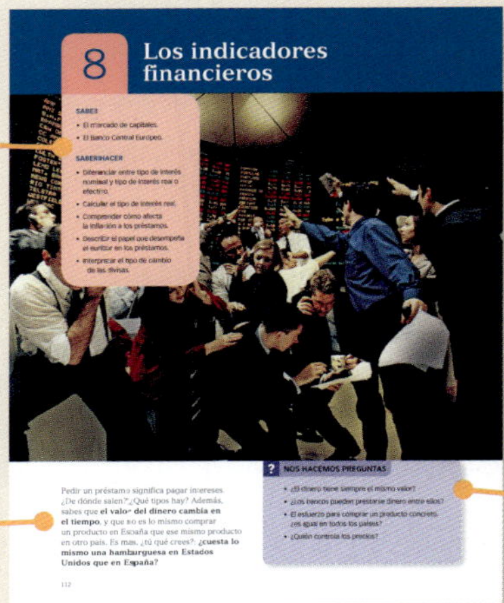

El apartado **Nos hacemos preguntas** formula las cuestiones de partida que se responderán en la unidad.

Páginas de contenido: SABER y SABER HACER como un todo integrado. Los contenidos y su aplicación se desarrollan conjuntamente, para lograr un saber más profundo.

El **texto informativo** expone los conceptos y nociones de forma clara y estructurada.

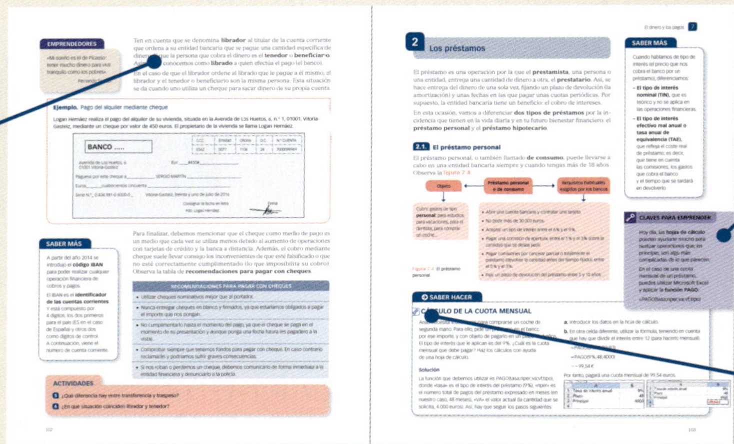

Las **Claves para emprender** aportan conceptos indispensables para adquirir la competencia del **SENTIDO DE INICIATIVA Y EMPRENDIMIENTO**.

Las **competencias clave** se trabajan a partir de actividades relacionadas con el contenido de la página. Los títulos y los iconos nos informan de la competencia que se desarrolla.

El apartado **Pasa a la acción** propone actividades orientadas a promover la iniciativa emprendedora.

La sección **Saber más** recoge contenidos de mayor dificultad.

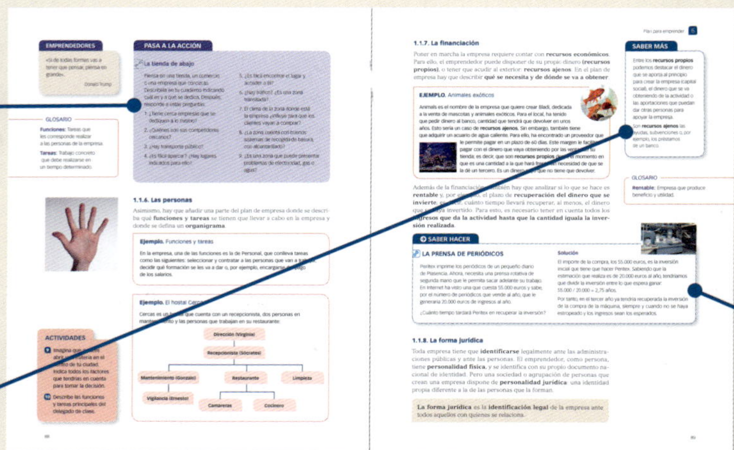

La sección **Saber hacer** desarrolla procedimientos y técnicas relacionadas con los objetivos de la unidad.

Actividades finales: una forma práctica de APRENDER A APRENDER.

Siempre se incluye una actividad de **resumen** de las ideas principales.

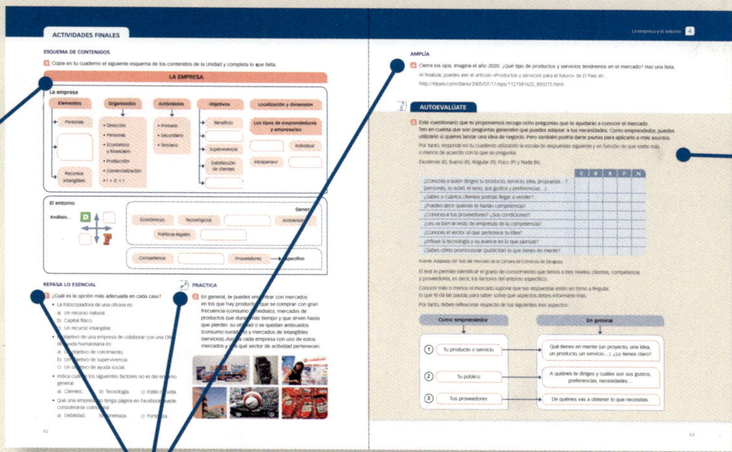

Se incluye una **autoevaluación** que pretende orientar al alumno sobre su iniciativa emprendedora.

Las actividades se clasifican en **categorías** para facilitar la comprensión.

SENTIDO DE INICIATIVA Y EMPRENDIMIENTO. El emprendimiento como realidad. Técnicas de referencia para trabajar la creatividad de cara a iniciar cualquier proyecto, y motivación final con un ejemplo de empresa real para provocar el interés y la curiosidad por pasar a la acción…

Proyecto. Técnicas de generación de ideas y de evaluación para entrenar el pensamiento lateral del emprendedor.

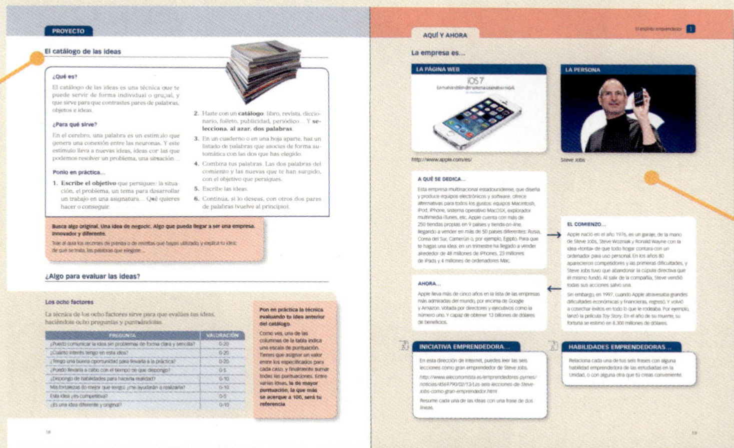

Aquí y ahora. Una empresa de éxito conecta la unidad con la realidad a través del acercamiento a la iniciativa y a las habilidades del emprendedor.

ICONOS DE COMPETENCIAS UTILIZADOS

- Comunicación lingüística
- Competencia digital
- Competencias sociales y cívicas
- Conciencia y expresiones culturales
- Competencia matemática y competencias básicas en ciencia y tecnología
- Aprender a aprender
- Sentido de iniciativa y espíritu emprendedor

1 El espíritu emprendedor

SABER

- Emprender y empresa.
- Las cualidades personales para emprender.

SABER HACER

- Deshacerse de presuposiciones sobre el emprendimiento.
- Conocer tus habilidades personales para emprender.

? NOS HACEMOS PREGUNTAS

- ¿Qué es emprender?
- ¿Crees que para emprender se necesita mucho dinero, arriesgarse, trabajar sin descanso? ¿Cualquier persona puede emprender?
- ¿Tienes habilidades personales para emprender?

Para comprender la esencia de la **iniciativa emprendedora**, hay que trabajar el concepto y las habilidades personales que se asocian a esta. Solo así podrás descubrir si tienes o no las habilidades necesarias para emprender…

1 Emprender y empresa

Tienes que saber diferenciar entre emprender y empresa. Emprender es igual a **iniciativa**, a **creatividad e innovación**. No es crear una empresa y dirigirla, sino **crear algo y hacerlo realidad**.

Emprender es transformar una **idea en un proyecto** concreto, generando algún **beneficio**.

En la **figura 1.1** te mostramos los **tres elementos** que definen la actividad emprendedora.

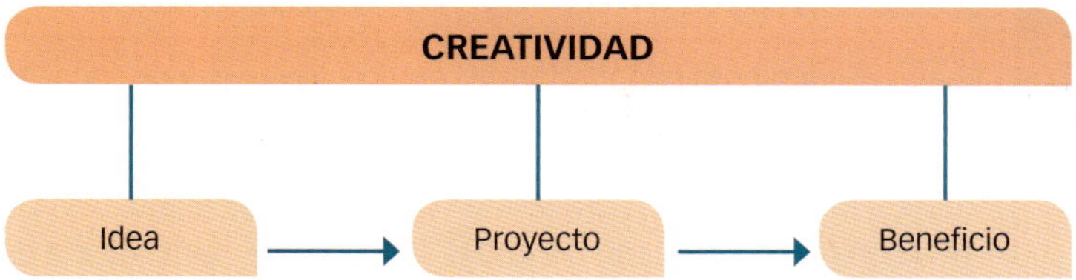

Figura 1.1 La creatividad como base del emprendimiento.

Ejemplo. Cajeros de leche

Una de las innovaciones que causó sensación en el mundo rural fueron las máquinas expendedoras de leche fresca.

La comercialización de leche a través de estas máquinas es una manera de dar salida a un sector que se veía en apuros, de forma original y creativa.

Al mismo tiempo, es un ejemplo de emprendimiento, ya que se lleva una idea a la realidad generando un claro valor a la sociedad: poder obtener leche directamente en la calle a cualquier hora.

Emprender está ligado a crear **valor** para las personas, **ayudar a la sociedad** y **generar riqueza** desde el momento en que una iniciativa acaba convertida en empresa y ofrece trabajo a las personas.

Ahora bien, parece como que todo este mundo del emprendimiento no estuviera al alcance de todos. Y no es así. Hay que **acabar con las presuposiciones**.

CLAVES PARA EMPRENDER

Por **espíritu de empresa** se entiende la iniciativa y la motivación para llevar a la práctica una idea.

SABER MÁS

Según el tipo de empresa, podemos encontrarnos con diferentes emprendedores:

- El que no busca su beneficio, sino **el bien de la sociedad**: emprendedor social.
- El que quiere **destacar en un área determinada**. Por ejemplo, en artes, en deporte…
- El que busca un **beneficio sobre todo económico**, creando una empresa para fabricar sus productos o vender los que ya existen: emprendedor de negocio.

Observa la tabla que te muestra nueve presuposiciones sobre el emprendimiento de las que conviene que te deshagas.

Sale en el Examen

LAS NUEVE PRESUPOSICIONES SOBRE EL EMPRENDIMIENTO

PRESUPOSICIÓN		EXPLICACIÓN
Los emprendedores nacen, no se hacen.		Hay rasgos de personalidad que vienen dados desde que uno nace, pero puedes aprender a ser emprendedor. Las habilidades para ello surgen de la acumulación de conocimientos y experiencias.
Cualquier persona puede comenzar un negocio.		Cierto. Y también hacer que fracase. Lo complicado es que sobrevivas, sostenerte y mantener el proyecto en primera línea. Esto solo se consigue con esfuerzo diario. Siendo tenaz y constante.
Los emprendedores son personas que no temen al riesgo.		Pero siempre tienen que ser riesgos calculados. Es importante que valores las situaciones y analices toda la información de la que dispongas antes de pasar a la acción. Teme al riesgo, no a la incertidumbre.
Los emprendedores solo buscan el beneficio para sí mismos.		El emprendimiento supone formar equipo. No se puede sacar adelante una idea si no se sabe trabajar con otras personas. No estás tú solo.
El emprendedor es independiente, completamente autónomo.		Puedes tomar tus decisiones libremente, pero necesitas del apoyo de muchas personas con las que te relacionarás para llevar a cabo el proyecto: socios, proveedores, clientes, instituciones…
El emprendedor está sujeto a gran tensión y estrés.		Liderar y llevar a cabo un proyecto es estresante y genera gran tensión. Sin embargo, no más que en otras profesiones.
El emprendedor tiene que ser una persona joven, llena de energía.		La edad no es un requisito. La clave es querer hacerlo. La edad promedio del emprendedor en España se sitúa en los 36 años. Normalmente, el perfil es el de un varón que lleva varios años trabajando para otra empresa. Pero cada vez son personas más jóvenes las que ponen en marcha negocios. No hay edad para tener ideas.
Emprender requiere tener dinero.		Suele suceder lo contrario. El éxito de un proyecto depende del entusiasmo y la implicación que se tiene. Disponer de mucho capital puede llevar a un estado de euforia que culmine en el descuido y en el fracaso. Y piensa que para tener ideas no hace falta dinero.
El emprendedor con talento tiene el éxito asegurado en dos años.	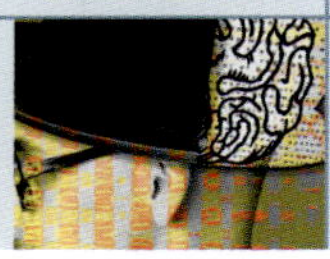	No se pueden establecer tiempos, ya que no hay reglas universales. Rara vez se establece sólidamente un negocio en menos de 3 o 4 años. No seas impaciente.

ACTIVIDADES

1 Steve Jobs dijo: «Cada día me pregunto: si hoy fuera el último día de mi vida, ¿querría hacer lo que voy a hacer hoy? Si la respuesta es no […], es que necesito cambiar algo». ¿Qué te sugiere esto? ¿Qué relación tiene el cambio con las presuposiciones sobre el emprendedor?

Ejemplo. Lo sencillo, en negocio convertido

¿Quién iba a pensar en su día que el chupachups se convertiría en un producto conocido por todo el mundo? ¿Que estaría en cientos de países? ¿Y que generaría cientos de millones de euros?

Pues la idea fue del catalán Enric Bernat, en 1957, al ponerle un palo de sujeción a una golosina con el objeto de que los niños no se ensuciaran las manos.

A veces, lo más sencillo puede ser la solución. La creatividad, la innovación de un producto al mejorarlo, no es cuestión de complicarse…

2 Las cualidades personales para emprender

Poner en marcha una idea requiere que cuentes con unas **capacidades y unos rasgos de personalidad** determinados que impulsen tu iniciativa emprendedora. Pero nunca olvides que muchas de las **aptitudes emprendedoras** se pueden aprender.

2.1. La responsabilidad y la autoestima

El emprendedor es responsable de lo que hace y lo que dice. ¿Y tú no? Es una cualidad muy importante que debes trabajar. Esto te ayudará a reflexionar, controlar, reorientar y valorar **las consecuencias de tus actos**; lo que también te permitirá que **te valores positivamente**.

Ser **responsables** es asumir las consecuencias de nuestras acciones y decisiones; es decir, responder ante nosotros mismos y ante otras personas.

Sin embargo, la autoestima hace referencia a lo que tú piensas y sientes respecto de ti mismo.

La **autoestima** es el conjunto de rasgos, sentimientos e imágenes que la persona reconoce como parte de sí misma.

EMPRENDEDORES

«Haz la diferencia: una empresa tiene que ser mejor porque tú estás ahí».

Irene Rosenfeld

PASA A LA ACCIÓN

Cómo te ven los demás

Vamos a trabajar tu autoestima con una actividad que consiste en que recibas la imagen positiva que proyectas en tus compañeros. Los aspectos positivos que deberás tener en cuenta son:

- Superar las dificultades personales.
- Adquirir compromisos.
- Emprender proyectos de forma autónoma.
- Favorecer la creación de relaciones sociales satisfactorias entre las personas.

Se trata de que sigas junto a tus compañeros de clase estas instrucciones:

1. Haced grupos de 6 personas.
2. Cada alumno anotará lo que escuche que dicen de él sus compañeros, de forma que, uno por uno, irán diciéndose **las cosas buenas** que ven de cada uno de los integrantes del grupo.
3. Finalizado el ejercicio, toda la clase se sienta en círculo.
4. Leed lo que los compañeros han dicho de cada uno.

Es un buen momento para valorar esa imagen que proyectas en tus compañeros. ¿Qué has sentido cuando has escuchado lo que han dicho de ti? ¿Y qué han sentido tus compañeros cuando les has dicho tú cómo los ves?

SABER MÁS

Ten en cuenta que no solo son cualidades que recibimos al nacer, sino que **se forman a lo largo de la vida**. Y que las personas con autoestima elevada son responsables de su propia vida. Toman decisiones por sí mismas.

Puede salir en el examen

EMPRENDEDORES

«Los auténticos emprendedores quieren quedarse toda la recompensa y pasar todo el riesgo a otros».

Howard Stevenson

2.2. La aversión al riesgo

Hay personas que no emprenden porque tienen **miedo al fracaso**, y personas que no temen las consecuencias. Como emprendedor, lo sensato es temer al riesgo, y lo importante: **controlar la incertidumbre**.

La **incertidumbre** es la falta de seguridad o de certeza sobre una situación o sus consecuencias.

Ejemplo. El caso de Google

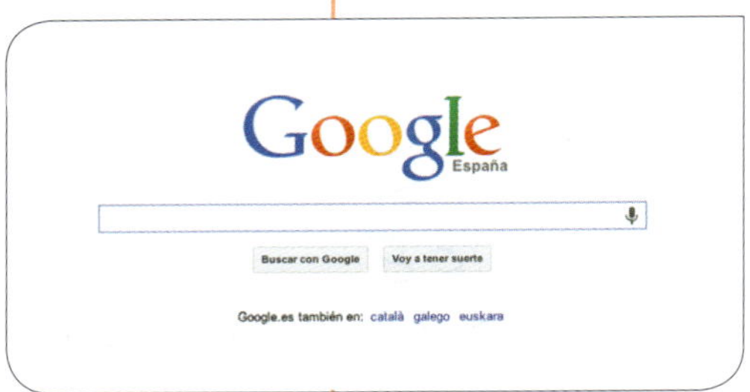

En sus inicios, la idea de Google era ridícula: momentos en que los buscadores eran lentos, y estaban insertados en páginas web que ofrecían toda la información posible. Así, Google quería un buscador que no tuviera noticias ni publicidad para que el usuario no se distrajera. Lógicamente, una idea no vale nada por sí sola. Es el esfuerzo, la tenacidad y la insistencia lo que hizo que Google fuera una realidad. Este es un gran ejemplo de cómo algo inicialmente ridículo **supera la incertidumbre del momento** llegando a ser el buscador más utilizado del mundo.

ACTIVIDADES

2 Explica con tus palabras qué diferencia hay entre responsabilidad y autoestima.

3 El emprendedor ¿debe temer al fracaso? Argumenta la respuesta relacionándola con la toma de decisiones.

2.3. La tenacidad y el espíritu de superación

Estás limitado por tus pensamientos, tus creencias y tus sentimientos. Que te sientas feliz, triste, amable, capaz, incapaz u optimista, por ejemplo, influye en tu espíritu emprendedor. Pero tienes que insistir en tu empeño. **Tu tenacidad marcará la diferencia**.

La **tenacidad** es la firmeza y constancia para conseguir un objetivo.

Observa la **figura 1.2**

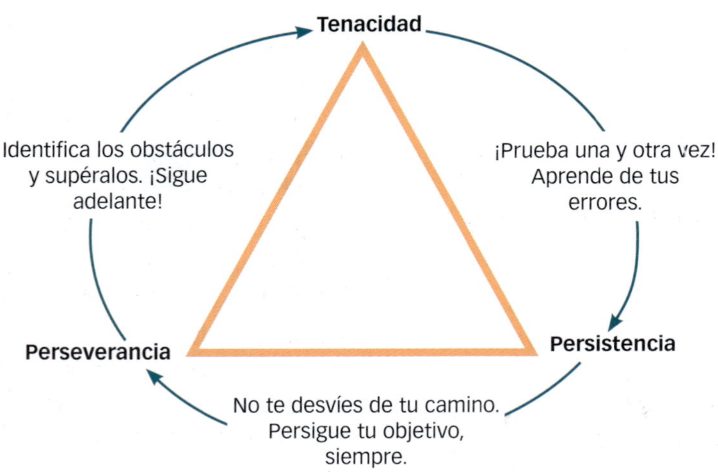

Figura 1.2 Actitudes para enfrentarse a los retos.

Ejemplo. El imperio de Donald Trump

Donald John Trump nació en Nueva York en 1946. Logró crear un auténtico imperio con el negocio de hoteles y casinos. Desafortunadamente, estuvo a punto de perderlo todo por la crisis de los años 90 y un divorcio. Pero no decayó. Su iniciativa y persistencia hicieron que reinventara el negocio en el sector televisivo.

¿Qué cualidades debe tener un empresario de éxito según Donald Trump? Pues tal y como él ha dicho en más de una entrevista: **«La tenacidad es la llave imprescindible para cualquier emprendedor»**.

PASA A LA ACCIÓN

Percepción de riesgos y tenacidad

Un buen emprendedor es muy consciente de lo que conlleva crear y poner en marcha una empresa. Y, en este sentido, te proponemos siete preguntas clave para que reflexiones y apuntes en tu cuaderno. Tus respuestas reflejarán de algún modo tu forma de ser y de comportarte. Son respuestas a las que podrás volver pasado un tiempo para ver si ha habido algún cambio.

1. ¿Te asusta lo desconocido?
2. ¿Piensas que, en ocasiones, el riesgo es estimulante?
3. ¿Compartes el dicho «quien no arriesga, no gana»?
4. ¿Crees que hay que afrontar riesgos para ganar o lograr lo que quieres?
5. ¿Eres constante en lo que haces creyendo que así lograrás lo que te propongas?
6. ¿Intentas no desviarte nunca de tu camino?
7. ¿Haces lo que sea necesario para superar tus obstáculos?

EMPRENDEDORES

«No perdamos nada
de nuestro tiempo;
quizá los hubo más bellos,
pero este es el nuestro».

Jean-Paul Sartre

2.4. La gestión de tiempos

Organizar y administrar adecuadamente el tiempo implica que establezcas **prioridades** y, además, que sepas definir bien tus metas u objetivos. Para ello, tienes que **observar qué actividades realizas y cuánto tiempo te llevan**. Y, por supuesto, identificar los obstáculos que hacen que no te organices de forma adecuada.

En la **figura 1.3** te presentamos los dos tipos de factores que pueden quitarte tiempo en tu día a día:

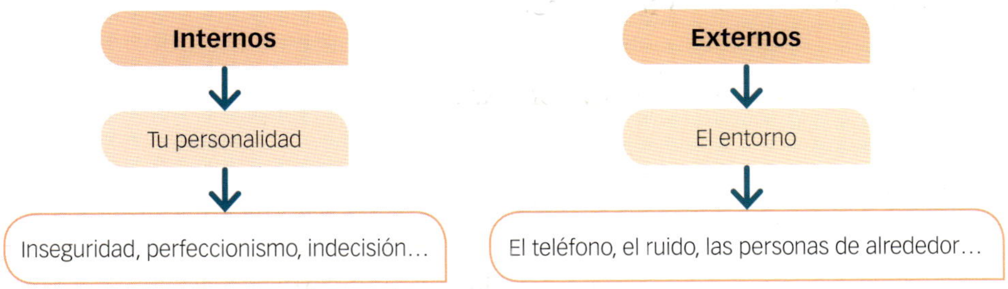

Figura 1.3 Factores internos y externos que quitan tiempo.

Estos factores internos y externos contribuyen a que te hagas una imagen de ti y del entorno que te quitan tiempo. Por tanto, es necesario que los **identifiques**, que estimes cuánto **tiempo** es el que te quitan y que intentes averigüar las **razones** de que eso ocurra.

ACTIVIDADES

4 Redacta una lista con todo lo que te quita tiempo, separando los factores internos de los externos. Después, estima cuánto tiempo te requiere cada situación y, por último, intenta buscar qué motivos producen esas situaciones.

SABER HACER

VENCER AL TIEMPO

Roberto es consciente de que no llega a todo.

Y, por ello, va a seguir las recomendaciones de su profesora.

¿Qué pasos puede dar para identificar sus hábitos y si tiene que cambiar algo?

Solución:

Primero, tiene que redactar un listado con los elementos que le quitan tiempo, teniendo en cuenta los factores internos y externos que se presentan como obstáculos en sus actividades.

Segundo, estimar aproximadamente el tiempo que le lleva cada una de esas actividades; y tercero y último, plantearse el motivo.

SABER MÁS

Para organizar mejor tus ideas y determinar qué podrías cambiar de cara a **modificar los hábitos** que no te dejan gestionar bien el tiempo del que dispones, puedes organizar la información en una tabla antes de utilizar alguna técnica que te ayude a gestionar bien el tiempo.

Ejemplo. Tabla para la gestión del tiempo

La tabla siguiente ordena los factores internos y externos e incluye una estimación de cuánto tiempo lleva cada elemento y los motivos.

FACTORES	TIEMPO	MOTIVOS
Internos		
• Tengo dudas de si lo estoy haciendo bien o mal.	25 minutos	Repaso una y otra vez la actividad.
• Nunca me convence el resultado.	20 minutos	Cambio los colores, los títulos de los textos… (intento que quede perfecto).
Externos		
• El WhatsApp no para.	1 hora	Hablo con mis amigos.
• Me interrumpen constantemente.	Todo el día	Mis hermanos entran constantemente en la habitación.

SABER MÁS

David Allen es el autor del libro *Getting Things Done (GTD)*. En él se ayuda a las personas a planificar, organizar y hacer las cosas.

Finalmente, después de haber reflexionado sobre tus hábitos, puedes recurrir a técnicas que te ayuden a mejorar. Y uno de los métodos sencillos que sirven de guía para todo este proceso es el ideado por David Allen: el método *Getting Things Done* (*GTD*).

El **método *GTD*** está basado en la idea de que hay que liberarse mentalmente de las tareas y actividades que están pendientes de realización, y concentrarse en las que se están llevando a cabo.

En la **figura 1.4** tienes los cinco pasos para aplicar este método.

1 Recopilar

Esta etapa consiste en registrar o apuntar todas las tareas pendientes en un mismo lugar (cuaderno, agenda, teléfono, una pizarra…).

(Es como si metiéramos todo en un cubo, dejándolo fuera de nuestra mente).

2 Procesar

Comienza siempre por el principio y no envíes nada de vuelta al cubo. Lo que lleve menos de 2 minutos, hazlo inmediatamente y, si algo no te corresponde, pásale la tarea a quien deba hacerlo.

3 Organizar

Ordena las tareas en función de la importancia que tengan. Puedes tener como referencia esta escala:

- Acciones inmediatas.
- Proyectos (largo plazo).
- En espera.
- Quizá.

4 Hacer

Por supuesto, lo importante es hacer lo que hay que hacer. Ten en cuenta que al principio puede llevarte tiempo seguir los pasos, pero, a medida que apliques el método, menor tiempo invertirás en ello. Es cuestión de entrenarse.

5 Revisar

Revisa al menos tu lista una vez al día, modificando el orden de las tareas si es preciso. Y una vez a la semana deberías revisar las pendientes o en espera para ver si cambian o no de posición.

Figura 1.4 Los cinco pasos para gestionar el tiempo.

PASA A LA ACCIÓN

¿Te falta tiempo?

¿Piensas que nunca **tienes tiempo suficiente** para hacer todo lo que quieres? Te proponemos que completes este cuestionario. Ten en cuenta que el resultado que obtengas no es más que una referencia que debes considerar para proponerte mejorar. Para responder, marca con una X cada opción.

	No	Raras veces	Varias veces	Muchas veces
1. ¿Tienes tiempo para planificarte?				
2. ¿Conoces cuánto tiempo te lleva cada trabajo?				
3. ¿Marcas prioridades?				
4. ¿Terminas siempre en el último minuto?				
5. ¿Tienes interrupciones a menudo?				
6. ¿Sabes determinar la importancia de cada tarea en alta, media o baja?				
7. ¿Tienes en cuenta un tiempo extra para los imprevistos que surjan?				
8. ¿Eliges qué actividad realizar en función del objetivo que quieres lograr?				
9. Ante una nueva tarea, ¿observas primero si es prioritaria?				
10. ¿Te estresa tener fechas límite que haya que cumplir?				
11. ¿Te distraes con facilidad cuando estás haciendo las tareas?				
12. ¿Sientes que debes llevarte trabajo a casa para terminarlo?				
13. ¿Necesitas consultar con alguien si tu tarea es o no prioritaria?				
14. ¿Empiezas solo por las tareas de mayor prioridad?				

Para interpretar el cuestionario, es necesario que sumes los puntos que se obtienen de cada respuesta dada de la forma siguiente: no (1 punto), raras veces (2 puntos), varias veces (4 puntos) y muchas veces (5 puntos).

Si la puntuación obtenida está entre 43 y 56, significa que gestionas bien tu tiempo. No obstante, observa las preguntas con menor puntuación para ver si puedes mejorar; si está entre 29 y 42, es una puntuación normal, pero debes hacer hincapié en conocer bien cuáles son tus objetivos, priorizarlos, planificarte y tener cuidado con las distracciones, y si no llega a 29, probablemente tu rendimiento no sea tan bueno debido a la forma en que gestionas el tiempo, así que es el momento de mejorar.

No olvides que **gestionar bien el tiempo es una habilidad necesaria** para hacer con eficacia tu trabajo y que puedas lograr todas tus metas. Todo depende de tus hábitos y costumbres a la hora de realizar las actividades diarias.

GLOSARIO

Prioridad: Preferencia de algo respecto de otra cosa, en tiempo o en orden.

2.5. El logro de objetivos

Conseguir lo que uno se propone está muy condicionado a la **tenacidad**, a la que ya hemos hecho referencia en esta unidad. Pero para lograr nuestros objetivos, además de esfuerzo, también es clave que sepamos **definirlos** de la mejor forma posible.

Un **objetivo** es el propósito, el fin o la meta a la que se quiere llegar.

Así, es necesario que tengas en cuenta tu **situación actual** y, viendo diferentes **opciones**, elijas y te **comprometas** a alcanzarlo.

Esta forma de entender la definición de objetivos viene determinada por el **modelo *GROW* (*Goal, Reality, Options, Will*)**, tal y como muestra la figura 1.5.

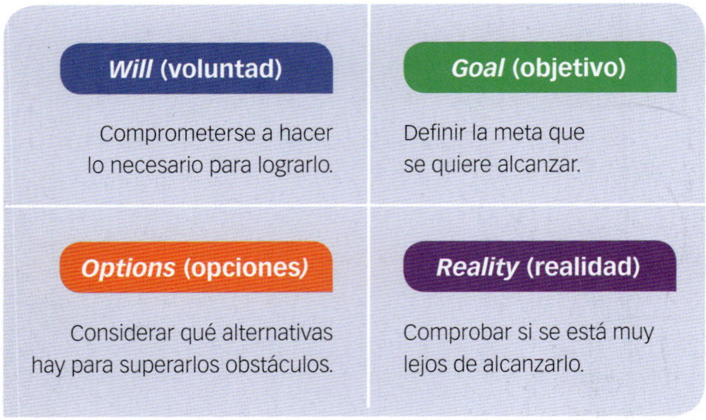

Figura 1.5 El modelo *GROW*.

Seguir el método o modelo *GROW* exige que respondas a una serie de preguntas que están relacionadas con tener bien claro el objetivo que quieres alcanzar, con conocer la realidad de la que partes y con tu grado de compromiso a la hora de salvar obstáculos.

Por ello, te proponemos que no descuides los consejos y preguntas indicadas en la tabla siguiente.

CONSEJOS PARA HACER UN BUEN USO DEL MODELO O MÉTODO *GROW*		
	Consejo	**Explicación**
Goal	Definir y establecer una meta que se quiera alcanzar, teniendo claro el reto al que te enfrentas y cuál es tu objetivo.	• ¿Cuál es el reto que quieres alcanzar? • ¿Cuál es tu objetivo? • ¿Cómo sabrás que has alcanzado tu objetivo?
Reality	La realidad de la que partes determina que llegues a alcanzar o no tu objetivo, así que invierte tiempo en conocer la situación inicial.	• ¿Cuál es tu situación actual? • ¿Qué te queda para llegar a alcanzar tu objetivo? • ¿Qué impedimentos o qué dificultades puedes tener para alcanzarlo?
Options	Valora tus alternativas si quieres superar las limitaciones. Es importante conocer bien todas las opciones para poder tomar una decisión adecuada.	• ¿De qué opciones dispones? • ¿Qué alternativas tienes? • ¿Qué ventajas y qué inconvenientes tienes? • ¿Hay algo que debas tener en cuenta?
Will	Planifica. Establece un plan de acción. No olvides asignarte tiempos concretos y revisar el plan con cierta periodicidad. Por supuesto, es indispensable que te comprometas.	• ¿Qué pasos debes dar? • ¿Cuándo empiezas? • ¿Cómo controlarás tu progreso? • ¿Qué vas a hacer para superar los obstáculos que se presenten? • ¿Qué acción vas a adoptar? • ¿Qué grado de compromiso asumirás?

No entra en el examen

Además de todo lo anterior, también es importante que tengas unos **criterios** claros a la hora de definir los objetivos. Se trata de unos criterios que responden a lo que denominamos **metas *SMART***, otro acrónimo que proviene de sus siglas en inglés (*specific, measurable, attainable, realistic* y *timely*).

En la tabla siguiente explicamos cada uno de estos criterios.

Método	Explicación
Specific	Hay que redactarlos de la forma más **específica** posible; es decir, que sean concretos sobre en qué, cómo, cuándo y cómo va a cambiar la situación.
Measurable	Tienen que ser **medibles** para poder valorar periódicamente su progreso y eficacia. Se tienen que poder cuantificar.
Attainable	Deben de ser **alcanzables**; es decir, han de ser posibles, teniendo en cuenta los recursos y las posibilidades con las que se cuenta.
Realistic	Los objetivos tienen que ser **realistas**, al mismo tiempo que se centran en lo que se quiere y no en lo que no se desea alcanzar. Por tanto, tienen que enfocarse hacia resultados positivos y que no sean algo utópico.
Timely	Hay que fijar un periodo de **tiempo** para alcanzar cada objetivo. Esto permite tener constancia de cuándo hay que lograrlo y poder también controlar si se cumple o no.

Ejemplo. El reto de hacer deporte

Víctor se ha propuesto a principios de año, por razones de salud y como propósito de año nuevo, hacer deporte. Y, por ello, se plantea el objetivo siguiente: «hacer deporte este año».

De la manera en que está definido el objetivo, difícilmente hará lo que dice. No es específico. No es medible, ni concreto. Pero ¿qué ocurriría si se plantea algo así como correr una media maratón? Definiéndolo correctamente, en términos *SMART*, sería:

- **Específico:** correr la próxima media maratón Behobia-San Sebastián.
- **Medible:** correrla en menos de 2 horas y 40 minutos, que es el tiempo máximo admitido por la organización.
- **Alcanzable:** en ediciones anteriores, llegaron en menos del tiempo máximo de referencia más de 17.000 personas; con lo que es un objetivo adecuado y alcanzable para la mayor parte de deportistas.
- **Realista:** Víctor tiene que preguntarse a sí mismo si realmente le gusta correr, si es deportista y cree en ello o si, por el contrario, nunca ha hecho deporte más allá del ejercicio de Educación Física del colegio.
- **Tiempo limitado:** la media maratón se celebra hacia noviembre. Por tanto, Víctor dispone de 11 meses para prepararse físicamente.

El objetivo definitivo, en términos *SMART*, sería: correr la próxima media maratón Behobia-San Sebastián en menos del tiempo máximo permitido de 2 horas y 40 minutos.

EMPRENDEDORES

«La mala noticia es que el tiempo vuela. La buena noticia es que tú eres el piloto».

Michael Altshuler

ACTIVIDADES FINALES

ESQUEMA DE CONTENIDOS

1 Copia en tu cuaderno el siguiente esquema de los contenidos de la unidad y completa lo que falta.

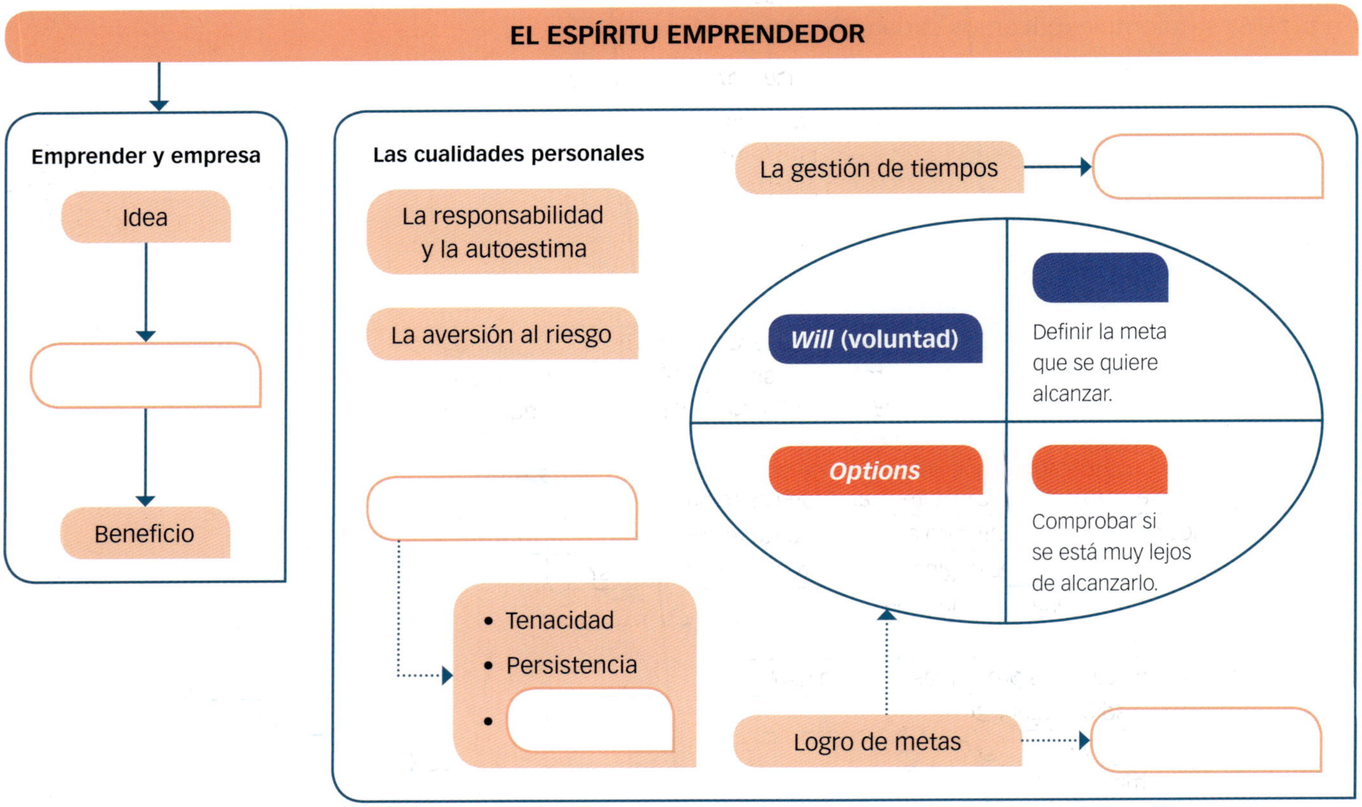

REPASA LO ESENCIAL

2 ¿Qué es emprender? ¿Crear valor a la sociedad?, ¿dar una solución original a un problema? o ¿asumir las consecuencias de los actos y las decisiones tomadas?

PRACTICA

3 Vas a organizar una salida de 5 días para 100 alumnos de tu escuela a Valencia. El motivo es cultural: visitar la Ciudad de las Artes y las Ciencias, el Museo Fallero, el Museo de Bellas Artes San Pío V y algunos lugares como la Catedral. Al menos tiene que ir un 80 % del alumnado, tienes un presupuesto de 100 euros por persona y la fecha para ir es la penúltima semana del curso. Explica este supuesto en término *SMART*.

AMPLÍA

4 Prioriza la lista de tareas y situaciones que te damos teniendo en cuenta la importancia y la urgencia de cada una. Es decir, clasifícalas en «importante pero no urgente», «importante y urgente», «no importante ni urgente» y «urgente pero no importante».

- Pensar en un sistema adecuado para organizar tus apuntes, libros y materiales.
- Terminar de pasar a ordenador el trabajo de Ciencias y lograr una presentación adecuada.
- Responder una pregunta de un compañero de clase.
- Preparar un examen de Matemáticas esta semana.
- Leer una invitación que has recibido esta mañana.
- Reunirte con tus compañeros de equipo para hacer el proyecto de Tecnología.
- Archivar los trabajos que hiciste en la evaluación anterior.

B. Importante pero no urgente ¡Cuidado! Aquí tendrás la mayoría de tareas. Vigila porque se pueden convertir en tareas A.	**A. Importante y urgente** Procura tener pocas tareas aquí si no quieres estresarte.
D. Ni importante ni urgente Aquí no deberías tener nada. En caso contrario, revisa las tareas.	**C. Urgente pero no importante** Incluye aquí las tareas que puedas realizar de forma rápida y que no exijan mucho esfuerzo.

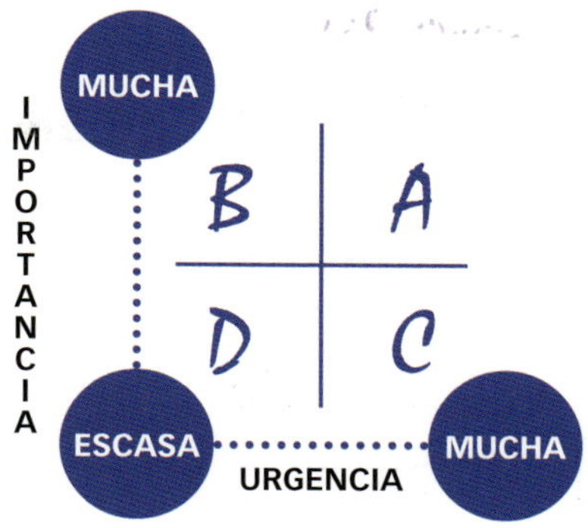

AUTOEVALÚATE

5 Responde en tu cuaderno a este cuestionario. Se trata de que reflexiones sobre aspectos que son importantes no solo como emprendedor, sino también como persona. La escala de respuestas es: Mucho (M), Bastante (B), Poco (P), Nada (N), No sabes qué contestar (¿?).

	M	B	P	N	¿?
¿Eres capaz de aprovechar las oportunidades que se te presentan?					
¿Eres de los que esperas confiando en que la suerte te sonreirá?					
¿Sueles encontrar soluciones originales a los problemas cotidianos?					
¿Te derrumbas fácilmente ante un problema?					
¿Eres paciente?					
¿Sabes cómo resolver los problemas del día a día?					
¿Tienes capacidad de organización?					
¿Tienes capacidad de liderazgo?					
¿Confías en ti mismo?					
¿Tienes capacidad para asimilar los cambios en tu vida?					
¿Tienes capacidad para ver si llega una mejora o una oportunidad?					
¿Sabes motivar a las personas de tu alrededor?					
¿Tienes «don de gentes»?					
Si te comprometes, ¿cumples?					
¿Eres constante?					
¿Te enfrentas o respondes ante un desafío?					
¿Sueles aprender de tus errores?					
¿Tienes afán de superación?					
¿Tienes sentido del humor?					

Fuente: Modificado del *Manual Básico para Emprender* de la Sociedad para la Promoción y Reconversión Industrial (SPRI) creada por el Gobierno vasco.

No se trata de que tengas todas estas cualidades, sino de que seas sincero y reflexiones. El objeto es que te conozcas mejor. Lo ideal es que la mayoría de tus respuestas sean Mucho o Bastante, ya que significaría que tienes iniciativa emprendedora. Pero insistimos en que la clave es que te hagas preguntas y que reflexiones en torno a las siguientes cuestiones:

1. ¿Te sientes capaz de llevar a cabo el reto o la idea?
2. ¿Precisas ayuda para tu idea? ¿Hacerlo con alguien más?
3. ¿Necesitas más tiempo para decidir? ¿Formarte más en emprendimiento?
4. Consulta a alguien externo que te dé su opinión sobre tu proyecto o idea…
5. ¿Sabes de alguien que haya hecho algo parecido? Aprende de otros…

PROYECTO

El catálogo de las ideas

¿Qué es?

El catálogo de las ideas es una técnica que te puede servir de forma individual o grupal, y que sirve para que contrastes pares de palabras, objetos e ideas.

¿Para qué sirve?

En el cerebro, una palabra es un estímulo que genera una conexión entre las neuronas. Y este estímulo lleva a nuevas ideas, ideas con las que podemos resolver un problema, una situación…

Ponlo en práctica…

1. **Escribe el objetivo** que persigues: la situación, el problema, un tema para desarrollar un trabajo en una asignatura… Qué quieres hacer o conseguir.
2. Hazte con un **catálogo**: libro, revista, diccionario, folleto, publicidad, periódico… Y **selecciona, al azar, dos palabras**.
3. En un cuaderno o en una hoja aparte, haz un listado de palabras que asocies de forma automática con las dos que has elegido.
4. Combina tus palabras. Las dos palabras del comienzo y las nuevas que te han surgido, con el objetivo que persigues.
5. Escribe las ideas.
6. Continúa, si lo deseas, con otros dos pares de palabras (vuelve al principio).

Busca algo original. Una idea de negocio. Algo que pueda llegar a ser una empresa. Innovador y diferente.

Trae al aula los recortes de prensa o de revistas que hayas utilizado, y explica tu idea: de qué se trata, las palabras que elegiste…

¿Algo para evaluar las ideas?

Los ocho factores

La técnica de los ocho factores sirve para que evalúes tus ideas, haciéndote ocho preguntas y puntuándolas.

PREGUNTA	VALORACIÓN
¿Puedo comunicar la idea sin problemas de forma clara y sencilla?	0-20
¿Cuánto interés tengo en esta idea?	0-20
¿Tengo una buena oportunidad para llevarla a la práctica?	0-20
¿Puedo llevarla a cabo con el tiempo de que dispongo?	0-5
¿Dispongo de habilidades para hacerla realidad?	0-10
Mis fortalezas (lo mejor que tengo) ¿me ayudarán a realizarla?	0-10
Esta idea ¿es competitiva?	0-5
¿Es una idea diferente y original?	0-10

Pon en práctica la técnica evaluando tu idea anterior del catálogo.

Como ves, una de las columnas de la tabla indica una escala de puntuación. Tienes que asignar un valor entre los especificados para cada caso, y finalmente sumar todas las puntuaciones. Entre varias ideas, **la de mayor puntuación, la que más se acerque a 100, será tu referencia**.

AQUÍ Y AHORA

La empresa es...

LA PÁGINA WEB

http://www.apple.com/es/

LA PERSONA

Steve Jobs

A QUÉ SE DEDICA...

Esta empresa multinacional estadounidense, que diseña y produce equipos electrónicos y *software*, ofrece alternativas para todos los gustos: equipos Macintosh, iPod, iPhone, sistema operativo MacOSX, explorador multimedia iTunes, etc. Apple cuenta con más de 250 tiendas propias en 9 países y tienda *on-line*, llegando a vender en más de 50 países diferentes: Rusia, Corea del Sur, Camerún o, por ejemplo, Egipto. Para que te hagas una idea: en un trimestre ha llegado a vender alrededor de 48 millones de iPhones, 23 millones de iPads y 4 millones de ordenadores Mac.

EL COMIENZO...

Apple nació en el año 1976, en un garaje, de la mano de Steve Jobs, Steve Wozniak y Ronald Wayne con la idea «tonta» de que todo hogar contara con un ordenador para uso personal. En los años 80 aparecieron competidores y las primeras dificultades, y Steve Jobs tuvo que abandonar la cúpula directiva que él mismo fundó. Al salir de la compañía, Steve vendió todas sus acciones salvo una.

Sin embargo, en 1997, cuando Apple atravesaba grandes dificultades económicas y financieras, regresó. Y volvió a cosechar éxitos en todo lo que le rodeaba. Por ejemplo, lanzó la película *Toy Story*. En el año de su muerte, su fortuna se estimó en 8.300 millones de dólares.

AHORA...

Apple lleva más de cinco años en la lista de las empresas más admiradas del mundo, por encima de Google y Amazon. Votada por directores y ejecutivos como la número uno. Y capaz de obtener 13 billones de dólares de beneficios.

INICIATIVA EMPRENDEDORA...

En esta dirección de Internet, puedes leer las seis lecciones como gran emprendedor de Steve Jobs.

http://www.eleconomista.es/emprendedores-pymes/noticias/4569790/02/13/Las-seis-lecciones-de-Steve-Jobs-como-gran-emprendedor.html

Resume cada una de las ideas con una frase de dos líneas.

HABILIDADES EMPRENDEDORAS...

Relaciona cada una de tus seis frases con alguna habilidad emprendedora de las estudiadas en la unidad, o con alguna otra que tú creas conveniente.

2 La función del líder

SABER

- El estilo del liderazgo.
- El liderazgo emprendedor.

SABER HACER

- Identificar estilos de dirección en función del clima social y la toma de decisiones.
- Reflexionar sobre tu capacidad de liderazgo.
- Conocer las principales habilidades del liderazgo emprendedor.

El **éxito del liderazgo** no solo depende de tu **estilo de comportamiento**, sino también de cómo adaptas este a cada situación. Hay que poner en práctica habilidades como la **comunicación**, la **negociación**, el **trabajo en equipo** o la **motivación** para sacar lo mejor de cada persona.

? NOS HACEMOS PREGUNTAS

- ¿Cuál es el mejor estilo de liderazgo?
- Liderar y dirigir ¿es lo mismo?
- ¿Qué habilidades personales y sociales definen al buen líder?
- El emprendedor ¿es líder?

1 El estilo del liderazgo

El líder es una persona capaz de influir en los demás, motivándolos y guiándolos en su trabajo diario. Se suelen diferenciar el **estilo autoritario** o exigente; el **democrático**, que siempre busca el consenso de sus colaboradores, y el **liberal**, propio de quien «deja hacer» sin dar casi pautas.

Sin embargo, también hay que tener como referencia el modo en que se **toman las decisiones**: **autocrático** es propio de una dirección exigente, disciplinada y muy dirigida; **consultivo** es un estilo que busca la opinión de las personas; y **grupal** si busca las soluciones, opiniones y sugerencias del grupo de personas (se evalúan alternativas y se toman decisiones en función de la información, no se trata de influir en el grupo).

ACTIVIDADES

1 **Di a qué tipo de liderazgo corresponde cada caso siguiente:** No discute ni replantea. Decide solo. Escucha y comparte opiniones del grupo. Fomenta el trabajo en equipo. Toma decisiones en función de las opiniones del grupo. Deja hacer sin dar casi pautas.

PASA A LA ACCIÓN

¿Te consideras líder?

Tu comportamiento en el aula puede evidenciar que tengas o no **capacidad para ser líder**. Contesta a estas preguntas siguiendo la escala siguiente: N (nunca), C (casi nunca), A (a veces), CS (casi siempre) y S (siempre).

	N	C	A	CS	S
1. Te gusta organizar actividades nuevas.					
2. Sugieres nuevas ideas.					
3. Eres capaz de discutir sobre aquello que te parece injusto.					
4. Procuras organizar el grupo a la hora de trabajar.					
5. Tienes facilidad de palabra.					
6. Haces sugerencias a tus compañeros.					
7. Eres popular.					
8. Tus compañeros te eligen como árbitro o juez para resolver problemas.					
9. Tus compañeros te eligen como jefe del grupo.					
10. Tienes confianza en ti mismo.					
11. Tus compañeros te consideran una persona a la que imitar.					
12. Tomas la iniciativa cuando vas a emprender algo nuevo.					
13. Eres capaz de plantear discusiones sobre temas actuales.					
14. Te gusta dirigir actividades de grupo.					
15. Acometes tareas difíciles con éxito.					

Para interpretar el cuestionario, tienes que asignar esta puntuación a cada respuesta: Nunca: 0 puntos. Casi nunca: 1 punto. A veces: 2 puntos. Casi siempre: 3 puntos. Siempre: 4 puntos. Una puntuación menor a 19 puntos indica que **no posees capacidad de liderazgo**, y que debes preguntarte cómo asumes tus responsabilidades. Entre 20 y 40 puntos, son respuestas de **una persona con iniciativa**, que no es insegura, pero que tampoco tiene por qué tener capacidad de liderazgo. Más de 40 puntos mostrarían una **persona con dotes de liderazgo**, una persona segura de sí misma, con iniciativa y que es capaz de «arrastrar» a los demás.

2 El liderazgo emprendedor

EMPRENDEDORES

«En lugar de ser un hombre exitoso, busca ser un hombre valioso. Lo demás llegará naturalmente».

Albert Einstein

Hablar de líder en el emprendimiento es hablar de una persona capaz de conseguir llevar a cabo sus objetivos o su proyecto de forma adecuada (**eficiencia**) y capaz de lograr el resultado que esperaba (**eficacia**).

Ejemplo. El padre del iPad

Steve Jobs fue el informático y empresario estadounidense que fundó Apple. Una persona creativa e innovadora considerada líder en el sector. Habitualmente se le ha retratado como un jefe duro, pero cercano. Una de sus frases impactantes es: «Mi trabajo no es llevarme bien con las personas, sino conseguir que lo hagan cada vez mejor», que, aunque podría considerarse como una muestra de una conducta alejada de las características del buen liderazgo, también representa un comportamiento orientado a sacar lo mejor de cada uno y a destacar la importancia que tiene cada persona en la empresa.

En general, hay una serie de **características que definen al líder emprendedor**. Observa la tabla.

CARACTERÍSTICAS DE UN LÍDER EMPRENDEDOR
Es la persona a quien se sigue en una idea o proyecto.
Es quien dirige un grupo de forma eficiente.
Es una persona capaz de conseguir resultados y hacer que el resto dé lo mejor de sí mismos.
Es una persona con capacidad para llevar a otras hacia un mismo objetivo.
Es quien puede influir en otras personas para alcanzar un propósito.

Por último, la figura 2.1 muestra **dos tipos de liderazgo emprendedor** teniendo en cuenta el trabajo que los líderes desarrollan con las personas.

Figura 2.1 Tipos de liderazgo emprendedor.

SABER MÁS

La realidad hace que el líder actúe en función de la situación en la que se encuentra, adoptando diferentes estilos según sea la necesidad. A esto se le denomina **liderazgo situacional**.

2.1. Liderar y dirigir

El liderazgo y la dirección de personas son **dos conceptos indivisibles** pero diferentes. Hemos visto que el líder representa el cambio, una forma de actuar que tiene que ver con la **ilusión** y la **motivación**. Sin embargo, **la dirección tiene que ver con la gestión**, con garantizar el funcionamiento de la empresa, el trabajo y la forma de realizarlo. Observa la figura 2.2.

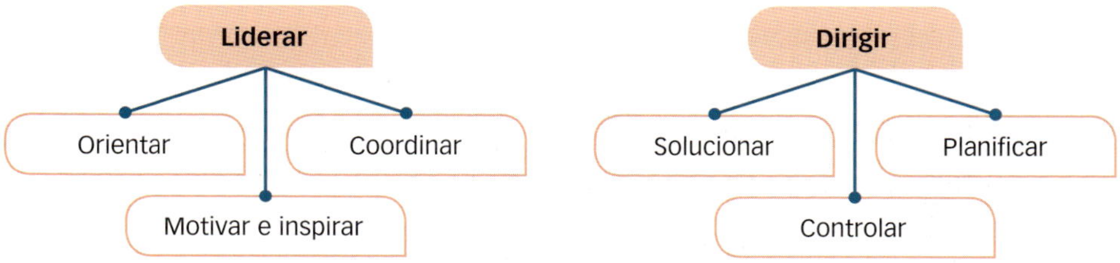

Figura 2.2 Diferencias entre liderar y dirigir.

Si analizamos la figura 2.2, vemos que liderar está relacionado con orientar, coordinar y motivar e inspirar. Es decir, que se trata de mostrar a las personas **diferentes caminos** y estrategias para llegar a los objetivos, **desarrollando equipos** y logrando que se relacionen adecuadamente. Por supuesto, intentando conseguir la **satisfacción de las personas** al no perder de vista sus necesidades y motivaciones. Pero dirigir tiene que ver con **el modo en que se orienta a las personas**, cómo se **organizan los recursos** de la empresa y la forma en que se **planifican y coordinan las tareas** que deben realizarse.

Así, lo ideal es que el emprendedor, como líder, tenga **habilidades de dirección y liderazgo**. Estas capacidades están resumidas en la figura 2.3.

Planificar →	Definir objetivos, decidir qué recursos se necesitan y qué procedimientos o métodos hay que seguir.
Organizar →	Coordinar los recursos y las actividades de la empresa.
Tomar decisiones →	Valorar entre diferentes alternativas y tomar decisiones teniendo en cuenta la incertidumbre y el riesgo.
Resolver problemas →	Determinar soluciones a problemas, para lo cual son necesarias ciertas dosis de creatividad e innovación.
Asumir y delegar responsabilidades →	Aceptar la responsabilidad que se tiene, que en la empresa viene condicionada por la autoridad que se posee, y delegar.
Motivar →	Lograr que las personas hagan su trabajo de la mejor forma posible para la empresa, y que se encuentren a gusto.
Negociar →	Buscar soluciones a los conflictos, los enfrentamientos y los problemas mediante el diálogo.

Figura 2.3 Habilidades emprendedoras de liderazgo.

EMPRENDEDORES

«Comienzo con la premisa de que la función de líder es producir más líderes, no más seguidores».

Ralph Nader

SABER MÁS

Actualmente entendemos que el liderazgo debe centrarse en la relación y el interés por las personas de la empresa: un **liderazgo delegador**; es decir, que fomente la participación y el apoyo de las personas.

GLOSARIO

Delegar: Pedir a otras personas que desempeñen determinadas tareas y se responsabilicen de ellas.

ACTIVIDADES

2 ¿Un líder debe temer el fracaso si quiere transformar su alrededor? Argumenta tu respuesta tomando como referencia los dos tipos de liderazgo emprendedor.

2.2. Liderazgo y comunicación

El emprendedor pone en marcha proyectos y, por tanto, se relaciona con muchas personas.

Esto implica liderazgo y habilidades personales como las que te indicamos en la tabla dedicada a los **aspectos psicológicos necesarios para ser un líder**, que puedes ver a continuación.

ASPECTOS PSICOLÓGICOS NECESARIOS PARA SER UN LÍDER	
ASPECTO	**DESCRIPCIÓN**
Integridad y honradez.	Lo que dices y haces tiene que ser coherente y ético.
Entusiasmo.	Tienes que estar convencido y que te vean convencido.
Voluntad y perseverancia.	Empeño, voluntad y firmeza para superarte todos los días.
Confianza y autocontrol.	Tienes que inspirar confianza (y tener confianza en ti mismo).
Timidez.	Vence o controla la timidez. Tienes que estar seguro de lo que haces y dices.
Imaginación.	Solucionar situaciones y problemas requiere que tengas facultades creativas.
Energía.	Tus gestos y tu tono de voz reflejan tu entusiasmo. La energía es necesaria para convencer.
Sencillez.	Comunica de forma directa, personal y clara.
Fluidez al hablar.	En un discurso no improvises. No es momento de buscar ideas, sino de transmitir.

EMPRENDEDORES

«La primera condición de toda comunicación es el respeto».

Albert Jacquard

Una de las habilidades más importantes en relación con el emprendedor es la capacidad de comunicarse bien.

En la empresa, la **comunicación interna** hace referencia al intercambio de comunicación con el personal de la empresa.

Y la **comunicación externa**, con el público (clientes, proveedores, instituciones, otras empresas…).

La **figura 2.4** diferencia los sentidos o direcciones de la comunicación interna en la empresa:

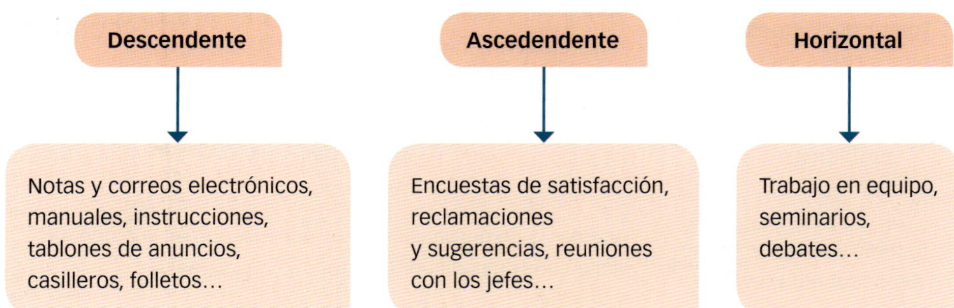

Figura 2.4 Direcciones de la comunicación interna.

Por su puesto, un líder emprendedor tiene que tener una **gran habilidad de transmisión de la información** tanto a nivel escrito, como a nivel oral.

Y esto depende del tipo de mensaje que se quiere dar, la situación o el contexto del momento y a quién o quiénes va dirigido.

Esta tabla te da las pautas para que prepares tus comunicaciones.

PAUTAS PARA PREPARAR MENSAJES	
1. Analiza la situación.	Ten en cuenta qué objetivo persigues, a quién te diriges, qué nivel de conocimientos tienen y su actitud y si tendrás limitaciones (tiempo, lugar…).
2. Prepara el mensaje.	Ordena las ideas, piensa el lenguaje que vas a utilizar y prevé si necesitarás recursos o apoyos (diapositivas, conexión a Internet…).
3. Transmite el mensaje.	Cuida la claridad, la precisión de ideas, la entonación, la pronunciación, el volumen y el interés que suscitas.

A. La habilidad negociadora

Un emprendedor se va a encontrar en situaciones en las que hay que resolver algún conflicto de intereses. Aquí es clave la habilidad de **negociación**.

> El **proceso de negociación** es un intercambio en el que las partes involucradas hacen concesiones con objeto de llegar a un acuerdo que satisfaga las necesidades de todos.

En la figura 2.5 te mostramos las fases por las que pasa una negociación.

Contacto

Las partes se reúnen y exponen su posición.

Discusión

Cada parte argumenta y defiende su postura.

Intercambio

Se llega a un acuerdo (hay que escuchar).

Figura 2.5 Fases de la negociación.

La habilidad negociadora dependerá tanto de que tengas ciertas **cualidades personales** como de **que no cometas errores**.

EMPRENDEDORES

«Nunca negociemos desde el temor, y nunca temamos negociar».

John F. Kennedy

SABER MÁS

En la **negociación** pueden seguirse dos tipos de **estrategias principales**:

1. **«Ganar-ganar»** es una negociación cooperativa en la que las partes intentan satisfacer sus necesidades conjuntamente.
2. **«Ganar-perder»** es una negociación de rivalidad y enfrentamiento en la cual uno gana y el otro pierde.

GLOSARIO

***Feed-back*:** Reacciones o respuestas que se manifiestan ante la actuación de un emisor, y que se tienen en cuenta para modificar el mensaje inicial.

Asertividad: Habilidad personal para expresar las emociones de forma positiva y sin agresividad.

CUALIDADES PERSONALES DEL NEGOCIADOR	ERRORES DEL NEGOCIADOR
Tenacidad.	Improvisación.
Empatía.	No seguir las fases de la negociación.
Feed-back.	Buscar únicamente el beneficio propio.
Comunicación (verbal y no verbal).	No cumplir con los acuerdos que se van alcanzando.
Persuasión.	Engañar.
Asertividad.	Ser impaciente.
Honestidad.	Ser inflexible.
Capacidad de observación.	Adoptar una postura defensiva.
Amabilidad y firmeza.	No saber escuchar.

SABER MÁS

La palabra **equipo** deriva del francés *équiper*, que a su vez lo hace del escandinavo *skipa*.

Este último término proviene de *skip*, que significa «equipar un barco».

EMPRENDEDORES

«Al escalar una gran montaña nadie deja a un compañero para alcanzar la cima solo».

Tenzing

B. El trabajo en equipo

La habilidad para trabajar en equipo comienza sabiendo que no se trata de repartir tareas entre varias personas. Un equipo es un grupo de personas **organizadas**, con **responsabilidades**, **tareas definidas** y que siguen unas normas de actuación dirigidas por un **líder** que intenta que todo el esfuerzo del equipo esté orientado a alcanzar un bien común.

El **equipo** es un conjunto de personas que orientan todas sus habilidades hacia un objetivo común.

Ejemplo. El Circo del Sol

Las actuaciones del Circo del Sol son un claro ejemplo de esfuerzo compartido, de unión entre las personas y de organización y sincronización para alcanzar un objetivo: el éxito del *show*. Todos trabajan de forma conjunta. Repartirse las tareas sin más acabaría en accidente…

Puedes ver un ejemplo de entrenamiento en YouTube, en la dirección http://www.youtube.com/watch?v=2r1czeX4Hyw. Fíjate especialmente en la capacidad de las personas para:

1. Trabajar con otros con un objetivo común.
2. Cooperar para cumplir con las responsabilidades comunes.
3. Velar por que cada uno cumpla sus funciones para alcanzar el bien de todos.

En la tabla siguiente puedes conocer las **ventajas** y los **inconvenientes** de trabajar en equipo.

TRABAJAR EN EQUIPO	
VENTAJAS	**INCONVENIENTES**
Enriquece el trabajo, ya que hay personas con cualidades diferentes.	Dificulta coordinar las tareas porque hay personas con conocimientos, opiniones e intereses diferentes.
Aumenta la creatividad. Los diferentes puntos de vista permiten generar más ideas y más de una solución.	Genera reuniones más largas y, en ocasiones, más conflicto.
Incrementa la motivación, puesto que las personas se sienten parte de un todo.	Potencia la pasividad de algunos de los integrantes, que se dejan llevar y no asumen responsabilidades.
Mejora la capacidad comunicativa al desarrollar el habla y la escucha.	Disminuye la respuesta de las personas, porque admiten que la responsabilidad o las tareas le corresponden a otro y no a ellos mismos.
Amplía los conocimientos de cada uno.	Duplica esfuerzos.
Disminuye la carga de trabajo.	Provoca problemas de comunicación si no se siguen pautas y criterios de trabajo concretos.
Desarrolla la cooperación.	

PASA A LA ACCIÓN

¡Nos vamos de concierto!

Ahora necesitarás cartulinas, rotuladores, imaginación y cooperación con tu equipo de trabajo para desarrollar habilidades de organización y planificación.

Se trata de que organices un concierto solidario en tu centro educativo. El dinero recaudado se destinará a un proyecto de cooperación y al desarrollo de una ONG.

1. Identifica individualmente qué tareas tendrían que organizarse para el concierto.
2. Escribe un listado: diseño de carteles, búsqueda de músicos, invitaciones, compra de bebidas…
3. Haz la puesta en común en el aula de las subactividades que se han identificado.

   Tu profesor determinará qué equipos de trabajo se formarán en el aula y de cuántas personas se compondrá cada uno en función de la actividad que se va a realizar.
4. Elige un equipo en función de tus gustos y de lo que mejor se te da hacer. ¿Por qué?

Es necesario que comprendas que una actividad compleja como la de organizar un concierto requiere de subactividades. Será importante identificarlas lo mejor posible para planificar el trabajo. Y ten en cuenta que una actividad depende de otras, y que la cooperación de todos es esencial para el resultado final que compartís: hacer un concierto solidario.

Y para terminar, con el objeto de volver a hacer hincapié en la importancia de coordinarse y cooperar entre todos para alcanzar un objetivo común, no te pierdas en el SABER HACER siguiente un pequeño vídeo de Pixar. ¡Eso sí! Antes de lanzarte a perseguir una meta, piensa en las consecuencias…

EMPRENDEDORES

«Si el éxito tiene un secreto, reside en ver el punto de vista de otra persona y contemplar las cosas desde el ángulo de esa persona y desde la tuya propia».

Henry Ford

SABER HACER

TRABAJAR EN EQUIPO

En 2000, Pixar estrenó un corto de animación titulado *For the birds* que tiene mucha relación con algunas de las habilidades sociales que hemos trabajado en esta unidad.

Una vez visto, responde a las preguntas:

1. ¿Con qué habilidad social de las estudiadas identificarías el vídeo? ¿Por qué?
2. ¿Qué otras habilidades sociales se ponen de manifiesto?

Solución

1. El vídeo refleja directamente la habilidad del trabajo en equipo. La coordinación y cooperación entre todos para alcanzar un objetivo común: deshacerse del pájaro enorme que, a juicio del resto, no encaja en el grupo.
2. Junto con el trabajo en equipo, podríamos decir que también se hace referencia a cualidades como la autoestima, la responsabilidad, la toma de decisiones y sus consecuencias (el final), el respeto, la asertividad y la insistencia y persistencia.

ACTIVIDADES

3 Elige tres aspectos psicológicos que debe tener un líder, y explícalos con un ejemplo.

4 Explica las fases de realización de una negociación. Inventa una conversación en la que se reflejen todas esas fases.

C. Las técnicas de motivación

Todo emprendedor debe ser capaz tanto de motivarse a sí mismo como de motivar a las personas que le rodean en su proyecto.

La **motivación** es aquello que impulsa a la persona a actuar y comportarse de una manera determinada.

Y aunque el salario sigue siendo uno de los factores clave que se utilizan en la empresa actual, hay que ser conscientes de que hay otras formas y técnicas a las que se puede recurrir, tal y como te indicamos en la tabla de claves para la **motivación laboral**.

CLAVES PARA LA MOTIVACIÓN LABORAL		
Técnica	**Descripción**	**Ejemplo**
Adecuar el puesto de trabajo.	Disponer para cada tarea de las personas adecuadas.	Poner a una persona sociable y extrovertida en un puesto de venta al público.
Mejorar las condiciones del puesto.	Asegurar la seguridad y salud de las personas y que dispongan de todos los recursos necesarios.	Un diseñador de páginas web debe contar con las aplicaciones y programas necesarios e, incluso, con espacios de descanso apropiados.
Definir tareas variadas y con responsabilidad.	Variar las tareas evitando la monotonía, ofrecer autonomía y facilitar que se adquieran responsabilidades.	En trabajos de tareas simples, es necesario que se rote para evitar la monotonía: cadenas de montaje.
Describir bien el trabajo.	Determinar qué tareas y actividades debe acometer la persona, y dejar claro cuáles son sus objetivos y metas para la empresa.	Al comenzar a trabajar en una empresa, alguien te explica tus tareas, tus funciones y responsabilidades: qué tienes que hacer concretamente.
Dar premios e incentivos.	Dar beneficios a las personas por su buen trabajo.	Días libres, premios en forma de viajes, reconocimiento…
Ofrecer formación y desarrollo personal.	Proporcionar no solo la formación requerida, sino también aquella por la que pueda estar interesada la persona.	Formación técnica, en aspectos personales y psicológicos, en temas sociales…
Valorar el salario de forma justa.	Evitar que existan agravios comparativos entre personas del mismo puesto por diferencias de salario.	Dos encargados de una tienda que tienen salarios diferentes por razón de sexo.
Evaluar el rendimiento de las personas.	Evaluar cómo se hace el trabajo para tener una idea del rendimiento de la persona, y conocer sus necesidades y expectativas.	El responsable del área de mantenimiento hace una entrevista periódica a su personal para valorar su trabajo.

EMPRENDEDORES

«La fuerza no viene de la capacidad corporal, sino de la voluntad del alma».

Gandhi

«El hombre no sabe de lo que es capaz hasta que lo intenta».

Charles Dickens

ACTIVIDADES

5 Hablando de motivación en el aula, y teniendo como referencia la tabla de motivación laboral, indica tres aspectos que te motivan a ti como alumno a la hora de trabajar en clase.

ACTIVIDADES DE REPASO

ESQUEMA DE CONTENIDOS

1 Copia en tu cuaderno el siguiente esquema de los contenidos de la unidad y completa lo que falta.

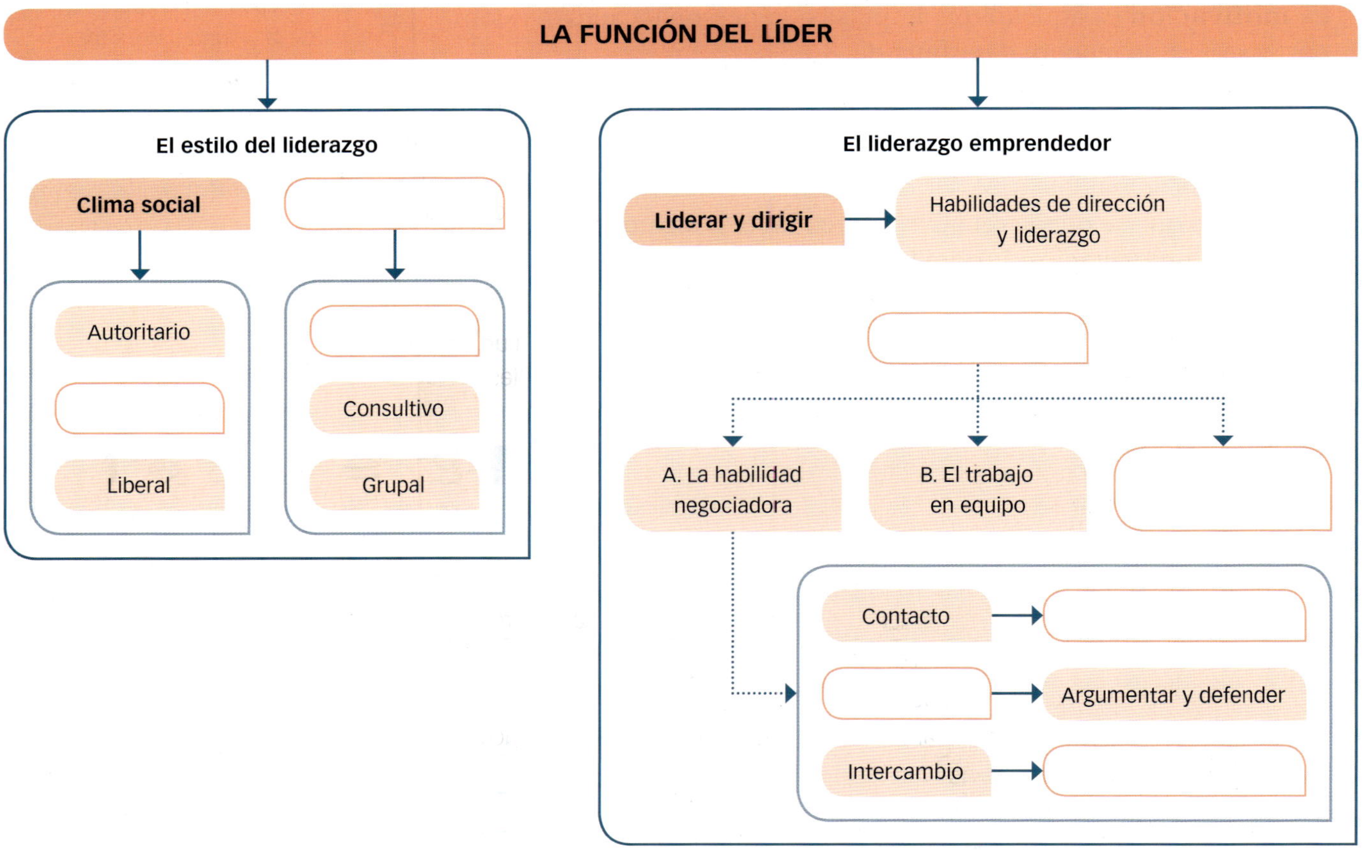

REPASA LO ESENCIAL

2 Cuál es la opción más adecuada en cada caso siguiente:

- Un estilo de dirección exigente y disciplinado hace referencia al liderazgo:
  a) Autocrático. b) Democrático. c) Consultivo.
- El liderazgo transaccional está relacionado con:
  a) Transformar completamente los alrededores.
  b) Hacer grandes cambios.
  c) El intercambio como medio de motivación de las personas.
- La habilidad directiva que hace referencia a valorar diferentes alternativas y decidir teniendo en cuenta la incertidumbre y el riesgo es:
  a) Planificar. b) Organizar. c) Tomar decisiones.
- Una encuesta de satisfacción es una herramienta de comunicación:
  a) Descendente.
  b) Ascendente.
  c) Horizontal.
- Es un error en la negociación:
  a) Ser asertivo.
  b) Tener capacidad de observación.
  c) Ser inflexible.

PRACTICA

3 Ves un anuncio de un particular que quiere vender una moto en la que estás interesado. Pero el precio se excede de tu presupuesto. Decides llamar y negociar. ¿Ante qué tipo de negociación te encuentras: «Ganar-ganar» o «Perder-ganar»? Argumenta tu respuesta.

AMPLÍA

4 Radiotelevisión Española. RTVE.es

http://www.rtve.es/alacarta/videos/fabrica-de-ideas/fabrica-ideas-imita-digital-text/1564654/

Fábrica de ideas es una serie de divulgación de RTVE sobre ideas, emprendedores, visionarios e inventores. Accede al vídeo de la empresa de libros de texto multimedia Digital Text y responde: según Héctor Ruiz, ¿cuáles son las tres claves del emprendedor?

AUTOEVALÚATE

5 Contesta en tu cuaderno a cada pregunta del cuestionario, marcando con una X la respuesta que refleje mejor cómo piensas y actúas en cada situación. A cada respuesta le puedes dar un valor de 1 a 5, de forma que el 1 significa un «sí» y el 5 un «no».

	Pregunta	1	2	3	4	5
1	Tengo ideas nuevas y diferentes a las del resto de personas.					
2	Soy una persona intuitiva.					
3	Asumo riesgos.					
4	Si hay algo que me interesa hacer, lo hago aunque me vaya a dar problemas o disgustos.					
5	Si algo me interesa, me implico en ello.					
6	Me gusta tener nuevas experiencias.					
7	Si hace falta sacrificarse para hacer algo, no tengo problemas en hacerlo.					
8	Veo los problemas como un reto que resolver.					
9	Me recupero bien de los «golpes bajos».					
10	No me disgusta la soledad.					
11	Tengo seguridad en mí mismo.					
12	Veo lo bueno de las cosas (pienso en positivo).					
13	Tengo facilidad para aprender cosas nuevas.					
14	Sé aprender de mis errores.					
15	Cuando tengo una idea clara, no la cambio.					
16	Me gusta controlarlo todo.					
17	Rechazo las ideas convencionales.					
18	Me gusta planificar, pensar en el futuro, hacer planes.					
19	Si creo en una idea, no me importa el esfuerzo que tenga que hacer.					
20	Tengo capacidad para vender mis ideas al resto, y convencerles.					
21	Me gusta trabajar.					
22	Me adapto bien a los cambios.					
23	Me gustan las cosas bien hechas.					

Suma todas las puntuaciones de cada respuesta.

- Una puntuación que supere los 90 puntos indica que tienes iniciativa emprendedora, y que posiblemente cuentes con actitudes adecuadas para llevar a la práctica una idea.
- Si la puntuación que has logrado está entre 60 y 90 puntos, debes pararte y observar aquellas preguntas en las que has contestado con puntuaciones bajas, ya que te darán cierta idea de qué puedes mejorar.
- Una puntuación por debajo de 60 puntos indicaría que debes esforzarte en mejorar tus habilidades emprendedoras si quieres poner en marcha una idea. Tendrás que trabajar más para desarrollar tus habilidades personales y sociales.

Dale la vuelta

¿Qué es?

La provocación es una técnica de generación de ideas de forma divertida, que consiste en «darle la vuelta» al objeto de estudio para no partir de la lógica.

¿Para qué sirve?

Se utiliza para generar ideas creativas que se alejen de lo habitual. Para ello, se parte de pensamientos que directamente van en contra de la situación verdadera a la que hacen referencia. Por tanto, se trata de comenzar desde supuestos que sabemos de antemano que no son verdad. Puede tratarse de pensamientos tontos, absurdos. Por ejemplo: si partimos del pensamiento de «las casas no tienen tejado», estaríamos ante algo que contradice directamente la realidad. Pero es un punto de partida que rompe los modelos preestablecidos, y permite idear otras formas más originales (¿áticos al descubierto?, ¿azoteas de cristal?…).

Ponlo en práctica…

Sigue estos pasos:

1. Determina el punto de partida definiendo un pensamiento contrario al supuesto que quieres estudiar (al objeto de la idea).
2. Haz un listado de las ideas o conceptos que te vengan a la mente a partir de ese pensamiento.

Los teléfonos han cambiado mucho. Tanto en su forma como en los servicios que prestan. Sin embargo, ¿se te ocurre algo más para mejorarlos? En grupos de cinco personas como máximo, aplicad la técnica «darle la vuelta». El punto de partida o pensamiento que debéis tener en cuenta es el siguiente: «El teléfono suena todo el rato y se silencia cuando llama alguien».

¿Algo para evaluar las ideas?

Las puntuaciones

La técnica de las puntuaciones consiste en determinar qué idea gusta más entre varias, bien por su originalidad, o bien porque puede ser aplicable a la realidad de forma sencilla. Aunque es una técnica muy simple de evaluación, es recomendable para cuando queremos quedarnos con una sola idea y descartar el resto. Los pasos que puedes seguir para practicar esta técnica son:

1. Leed todas las ideas que se hayan generado y que se quieran evaluar.
2. Apuntad individualmente cuál gusta más.
3. Puntuad cada idea de 1 a 5.
4. Poned en común todas las puntuaciones de cada participante de la evaluación y escoged las que más puntuación hayan obtenido (4 o más puntos, por ejemplo).
5. Descartad las ideas de menor puntuación y aplicad alguna otra técnica para evaluar en profundidad y al detalle las que quedan de cara a la decisión final.

Aplicad la técnica de las puntuaciones para el listado de ideas que habéis obtenido sobre la actividad de telefonía anterior.

La empresa es...

LA PÁGINA WEB

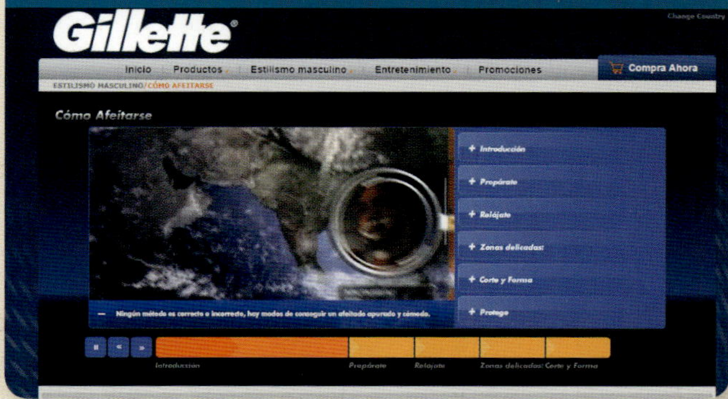

http://www.gillette.com/es/ES/home.aspx

LA PERSONA

King Camp Gillette

A QUÉ SE DEDICA...

Fabricación y comercialización de máquinas para afeitar y accesorios para el cuidado de la piel...

EL COMIENZO...

En 1901, King Camp Gillette fundó la empresa como Razor Safety Razor Company en la ciudad de Boston. Y no fue hasta dos años después cuando completó la creación de King Gillette como una maquinilla de afeitar con dos hojas. A partir de ahí, comenzó la producción. A finales de los 30 introdujo en el mercado la crema de afeitar Gillette. Y a partir de los 50, cuando la empresa ya se denominaba Gillette Company, se fueron introduciendo diferentes productos: la crema de afeitar en aerosol, la hoja de afeitar de acero inoxidable, Lady Gillette Razor o, más recientemente, Mach 3 Razor Blue o Gillete Fusion Power de 5 hojas.

AHORA...

Está considerada como una de las mejores empresas del mundo. Líder en el mercado de muchos productos de consumo relacionados con el cuidado personal, pero también con la energía portátil (pilas Duracell) y el cuidado oral.

INICIATIVA EMPRENDEDORA...

La primera brocha de afeitar se inventó en 1748 y estaba hecha de pelo de tejón. Pero a principios de 1900 Gillette hizo realidad su sueño de diseñar una afeitadora desechable, patentando la maquinilla en forma de T. A Gillette le surgió la idea mientras se afeitaba con su navaja y se percató de que la única parte que hacía un trabajo era el filo. ¿Por qué no fabricar entonces una hoja de acero que se sujetara con una abrazadera y que pudiera tirarse después de ser usada? King Camp Gillette escribió a su mujer: «Permanecía ante el espejo en un trance de alegría [...]. Ya lo tengo, la fortuna nos aguarda».

a) ¿Dirías que King Camp Gillette es un ejemplo de líder transformacional? ¿Por qué?

b) ¿Qué aspectos psicológicos de líder ves reflejados en King Camp Gillette?

HABILIDADES EMPRENDEDORAS...

«Si usted quiere ganar dinero en poco tiempo, debe inventar algo que sea barato y se produzca en grandes cantidades. Ha de ser un artículo que todos usen y se tire enseguida». Estas fueron las palabras que escuchó Gillete de William Painter, su jefe en la empresa de tapones de corcho en la que trabajaba con 36 años de edad. A partir de ahí, Gillete soñaba con un producto común y barato. Observaba a su alrededor, estudiaba las costumbres, se informaba de los hábitos alimentarios, de las vestimentas, de los pasatiempos... A los 40 años, le vino la idea.

A partir de los verbos subrayados, ¿qué habilidades emprendedoras detectas en el caso de King Camp Gillette?

3 Las ideas innovadoras

SABER

- Las ideas de negocio.
- Las técnicas para innovar.
- Globalización.

SABER HACER

- Aplicar técnicas para innovar.
- Poner en práctica tus habilidades innovadoras.

? NOS HACEMOS PREGUNTAS

- ¿Por qué observar el entorno?
- ¿Qué técnicas puedo utilizar para innovar?
- ¿A qué retos se enfrenta un emprendedor global?

Para innovar es importante con qué ojos miras lo que hay a tu alrededor. La **observación** es tu principal arma. Puedes tener una idea original y llevarla a la práctica, pero también puedes **aplicar una idea ya existente a otra situación con un enfoque diferente**. Veremos qué técnicas puedes usar.

1 Las ideas de negocio

El emprendedor es capaz de **llevar a la acción** lo que se propone, de materializar su idea en un proyecto concreto. Y esto es, precisamente, **innovar**: hacer realidad una idea.

Innovar es cambiar y dar nuevos enfoques, o nuevas formas de hacer las cosas, creando valor y utilidad.

Ejemplo. Multiplicación

La técnica de la multiplicación consiste en hacer una o más copias de un componente para realizar un cambio cualitativo (de forma). En este caso, se innova en el envase, ofreciendo una imagen más fresca y original.

EMPRENDEDORES

«Yo no he fallado. Yo he encontrado 10.000 caminos que no funcionan».

Thomas Alva Edison

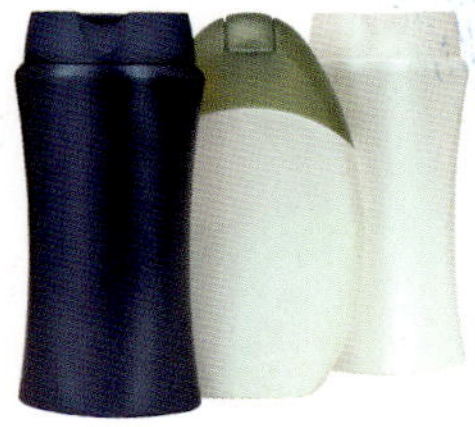

1.1. La creación de valor

La innovación no tiene por qué consistir en crear algo nuevo (**inventar**), sino en ver dónde hay posibilidades de **crear valor**. La innovación y la creatividad van de la mano para **mejorar lo que ya está inventado**. Y, por supuesto, llevarlo a la práctica es sinónimo de **emprender**.

SABER MÁS

La clave del emprendedor es la capacidad que tiene para identificar **oportunidades de mejora** sobre las que construir un modelo innovador. Y esto puede lograrse analizando el **mercado**.

PASA A LA ACCIÓN

Ponte a soñar

Es necesario ponerse en situación para comenzar a innovar. Y esto se logra haciendo que la mente se olvide de lo habitual, de lo cotidiano y razonable. En esa situación es cuando puedes pensar en otras posibilidades y generar ideas diferentes…

Por tanto, te proponemos que durante unos minutos **te relajes y sueñes**: piensa cómo te gustaría que fuera tu vida, un lugar adonde te gustaría ir… Imagínate dentro de unos años, trabajando en la profesión que te interesa, estudiando o en alguna situación que te venga a la mente.

Se trata de que te veas a ti mismo. Sueña y deja que llegue la situación. No fuerces nada. Sueña y observa. Al finalizar, escribe y guárdalo.

Con el tiempo, podrás volver cuando quieras al sueño reviviendo lo que hayas descrito. Es una gran fuente de inspiración, y puede darte ideas…

Así, **la clave es que observes a tu alrededor**, y te hagas dos preguntas: lo que ves **¿resuelve algún problema o aporta valor? ¿Puedes aplicar esa idea a otra situación?**

ACTIVIDADES

1. Innovación y creatividad son conceptos diferentes. ¿Sabrías explicarlo?
2. ¿Cuál es la clave para poder innovar?

1.2. La innovación de producto y de proceso

SABER MÁS

En definitiva, el proceso de innovación comienza cuando te preguntas tanto por la utilidad que tiene el producto o servicio que sirve de referencia a la hora de innovar, como por la posibilidad de aplicar esa idea a otra situación o contexto. Y ten en cuenta que no se trata solo de inspiración.

Existen técnicas para innovar, métodos que parten de fijarse en lo que ya existe y mejorarlo. Un ejemplo de esto es lo que denominamos **innovación de producto**.

La **innovación de producto** es la introducción en el mercado de nuevos o mejorados productos o servicios, alterando sus características técnicas, componentes, materiales o, por ejemplo, sus funciones.

Ejemplo. Videojuegos del futuro

Llegará el momento en que veas cómo tu mando inteligente te cambia el ritmo de juego si te estás aburriendo.

La innovación de producto en este caso viene de la mano de Gregory Kovacs, que, partiendo del mando de la consola Xbox 360, incorporó en la parte trasera un plástico tridimensional con sensores para medir la actividad cerebral y alterar el modo de juego.

GLOSARIO

Procesos: Conjunto de actividades que lleva a cabo la empresa.

SABER MÁS

Según el grado de originalidad y novedad de la innovación, podemos hablar de innovación **incremental** o innovación **radical**.

El concepto de mejora de lo existente también podemos aplicarlo a los procesos de la empresa.

La **innovación de procesos** consiste en utilizar nuevos o mejorados procesos de fabricación, logística o distribución de los productos o servicios.

Ejemplo. Innovación de proceso

La marca de calzados Camper modificó su forma de diseñar y fabricar cuando en 2012 inició un proyecto para conocer, a partir de las medidas físicas hechas en unos laboratorios de biomecánica, cuáles eran los parámetros que influían en el confort de su calzado. De esta forma, Camper puede diseñar nuevos productos basándose en las mediciones: y fabricar nuevos modelos teniendo en cuenta los datos de los estudios realizados.

2 Las técnicas para innovar

Tienes que tomarte la innovación como un juego, y trasladar las soluciones que encuentres en productos y servicios que ya conozcas a otras situaciones. Es un **juego de traslación**.

Ejemplo. Dolor de cabeza

Un hombre de negocios compró los derechos de una fórmula para fabricar un jarabe para el dolor de cabeza. El fármaco no funcionó como se esperaba, pero dio lugar a otro éxito…

Este caso hace referencia a la compra que hizo Asa Griggs de los derechos de una fórmula para un fármaco que actuaba como remedio para el dolor de cabeza. En ese momento pagó un total de 2.300 dólares. Finalmente, resultó que compraba la fórmula de lo que sería Coca-Cola.

EMPRENDEDORES

«Si no fracasas de vez en cuando, es signo de que no estás haciendo algo muy innovador».

Woody Allen

GLOSARIO

Traslación: Llevar a otro contexto o situación una idea inicial a través de la comparación.

Para inspirarte, vamos a ver diferentes **técnicas** que puedes tener como referencia para buscar la **innovación** de un producto o servicio. Técnicas que clasificamos en los tres grupos que te muestra la figura 3.1.

MODELOS DE REFERENCIA

Modelos de nivel básico
- Hazlo tú mismo.
- Transforma.
- Comparte.
- Dosis inteligentes.

Modelos de nivel intermedio
- Alquila.
- Simplifica.
- Feminiza.

Modelos avanzados
- Romper con los tópicos.
- De servicio a producto.
- Aplica el arte.

Figura 3.1 Técnicas para innovar.

SABER HACER

APORTAR VALOR

Hoy en día, los teléfonos móviles cuentan con teclado alfanumérico. Ahora bien, este sistema de marcado diferente:

a) ¿Resuelve algún problema o aporta valor?

b) ¿Puedes aplicar la idea a otra situación?

Solución

a) Está claro que el valor que aporta el sistema alfanumérico frente al de disco tradicional es la funcionalidad. Mejora la precisión del usuario y reduce el tiempo de marcado, haciéndolo más operativo.

b) Vemos que la idea está presente en otras aplicaciones. Por ejemplo, en los sistemas de riego automático, donde programamos las horas a través del marcado de números. O en el despertador, al que indicamos la hora de la alarma poniendo únicamente cuatro números. Es cuestión, por tanto, de aplicar la idea a cualquier otra situación que se te ocurra.

2.1. Los modelos de nivel básico

Las oportunidades de innovación son **fruto de la inspiración tras observar** qué hay alrededor. Así, debes tomar como referencia lo que existe y aplicarlo a otra situación. Observa la siguiente tabla.

LAS CUATRO TÉCNICAS BÁSICAS PARA INNOVAR		
Técnica	**Descripción**	**Ejemplo**
Do it yourself (DIY) «Hazlo tú mismo»	Consiste en convertir un producto o servicio ya existente en una oportunidad para que el cliente sea quien lo diseñe, fabrique o complemente. Por tanto, es **el usuario quien lo hace**.	En vez de ofrecer servicios de jardinería, se proporciona un paquete completo de semillas, materiales e instrucciones para que sea la persona quien disfrute de todo el proceso. 
Transforma	Transformar un producto o servicio existente para que ofrezca **otra utilidad diferente**.	Mueble *Kewb*, que puede transformarse en un sofá, en una cama o una mesa.
Comparte	Hacer que un producto o servicio pueda ser **compartido por varias personas**.	Ofrecer viviendas destinadas directamente al uso compartido. O, por ejemplo, alquilar garajes de forma compartida. 
Dosis inteligentes	Consiste en ofrecer un producto o servicio en dosis o partes más pequeñas **para facilitar el consumo**.	Venta de monodosis de frutas para niños. 

CLAVES PARA EMPRENDER

El mejor momento para innovar es «ahora». Empieza imaginando el futuro…

SABER HACER

APRENDER A INNOVAR

Observa este ejemplo de servicio para compartir. ¿A qué modelo básico de referencia para innovar corresponde? Argumenta tu respuesta.

Solución

Corresponde al caso de buscar una solución basada en que pueda ser aprovechado el servicio por varias personas («comparte»).

PASA A LA ACCIÓN

Escritura libre

Coge una hoja de papel en blanco.

Escribe cualquier cosa que te venga a la cabeza. Y no te preocupes de la ortografía ni de buscarle sentido a lo que escribas.

Puedes hacer este ejercicio una o varias veces por semana. Al principio comprobarás que no es fácil dejar a un lado el pensamiento lógico. Pero con el tiempo aumentará tu habilidad para abstraerte y mejorará tu creatividad.

No se trata de hacer una historia, sino más bien de que vayas comparando los ejercicios con el paso del tiempo y comprendas mejor cómo funciona tu mente.

2.2. Los modelos de nivel intermedio

A partir del mismo principio de juego de traslación, en la tabla siguiente tienes otra serie de técnicas que complementan las anteriores.

LAS TÉCNICAS DE NIVEL INTERMEDIO		
Técnica	**Descripción**	**Ejemplo**
Alquila	Convertir **productos en servicios** y, por tanto, llevar a cabo un cambio de cultura, al pasar de tener un objeto solo tras comprarlo a únicamente disponer de este.	Hay tiendas que permiten alquilar vestidos para una ocasión. O, por ejemplo, poder disponer de una vajilla, cubertería o mantelería para una celebración especial sin tener que comprarlas. 
Simplifica	Ofrecer algo de la forma más **simple** posible.	¿Cuántos mandos a distancia tienes en casa? ¿Cuántos botones tiene cada uno y cuántos utilizas? Pues se trataría de ofrecer un mando con 4 o 5 botones simplemente… 
Feminiza	Los hábitos de consumo son diferentes en función del sexo. Esta técnica consiste en **segmentar por sexos** productos o servicios que inicialmente son para ambos sexos.	Diseñar un hotel, o al menos una planta de este, específicamente para mujeres. 

2.3. Los modelos avanzados

Por último, en lo que respecta a las técnicas para innovar, vamos a ver tres cuya aplicación requiere de un mayor esfuerzo que en las anteriores por su complejidad, pero que también siguen basándose en el principio de traslación de lo existente a una nueva situación o contexto.

EMPRENDEDORES

«La imaginación es más importante que el conocimiento».

Albert Einstein

2.3.1. Romper con los tópicos

La idea es proporcionar un producto o servicio que **contradiga lo que hasta el momento viene haciéndose**; es decir, que la idea tiene que representar lo contrario del negocio anterior.

Ejemplo. ¿Ordenadores grises?

En un principio los ordenadores que existían en el mercado respondían en color y estilo a productos grises. Apple rompió el tópico con su iMac. El diseño y los colores, ¿por qué no iban a ser un criterio de compra para el consumidor?

2.3.2. De servicio a producto

La técnica consiste en hacer lo contrario de lo que veíamos en «Alquila». Por tanto, convertir un servicio en un producto para el cliente.

CLAVES PARA EMPRENDER

Innovar lleva consigo observar. Fíjate en lo que hay alrededor. ¿Puedo hacerlo de otra manera?

Ejemplo. Test de embarazo

El análisis de laboratorio para comprobar el embarazo pasó a convertirse en un producto que se compra en la farmacia.

2.3.3. Aplica el arte

La técnica de traslación es simple, pero requiere de tus dotes artísticas. Se trata de que personalices un producto o un objeto cualquiera a través del arte.

Ejemplo. Kukuxumusu

En 1989 nació la empresa Kukuxumusu. Su objetivo era cambiar de forma radical los *souvenirs* de Pamplona. Y se dieron a conocer por sus camisetas, que incluían dibujos con una estética muy específica que hoy es muy conocida.

Ante la simple idea de aplicar arte a un producto básico como es la camiseta, actualmente ofrecen diferentes productos con su sello e, incluso, se plantean entrar en el mercado de los *smartphones* o en el de las series de animación.

ACTIVIDADES

3 Relaciona cada ejemplo real de emprendimiento innovador con alguna de las técnicas para innovar.

EJEMPLO INNOVADOR	TÉCNICA UTILIZADA
Webs de alquiler de objetos de lujo como bolsos: Le Superbe, Lujo Accesible, Look and Stop…	
Los empresarios Travis Schmidt y Jason Freeman crearon el primer «bustaurant» de Estados Unidos: un autobús de dos pisos convertido en restaurante.	
Productos para teñirse el pelo que sustituyen a los de la peluquería.	
Taxis rosas conducidos por y para mujeres.	
Etiquetas para marcar la ropa y poder identificar fácilmente las prendas de vestir.	

3 Globalización

La innovación no solo hay que relacionarla con el entorno más cercano. En la actualidad, también es vista por la empresa como la apertura hacia otros países. Es decir, que tiene mucho que ver con la **mundialización** y, por tanto, con buscar la forma en que se puedan ofrecer los productos y los servicios más allá del territorio nacional.

La **globalización**, cuando se habla de emprendimiento, es la extensión de las empresas hacia el mundo.

SABER MÁS

Desde la perspectiva de apertura mundial, el **emprendedor global** es quien orienta su iniciativa emprendedora hacia otros mercados y rompe sus barreras nacionales.

Ejemplo. El grupo Inditex

Inditex es uno de los principales distribuidores de moda del mundo. Entre sus empresas, podemos mencionar Zara, Pull & Bear o Stradivarius.

La compañía, nacida en Galicia, comenzó abriendo tiendas en España en los años 70 y 80. La primera tienda de Zara abrió en 1975 en A Coruña. Actualmente, cuenta con más de 6.000 establecimientos en 86 mercados. Está presente en más de 400 ciudades y en los cinco continentes.

El éxito de esta expansión global del grupo Inditex viene sobre todo de su **constante renovación**. Un pensamiento innovador que se traduce en el hecho de que realicen nuevos diseños dos veces por semana y adapten la ropa en función de la demanda de los clientes. El grupo cuenta con códigos de conducta para el personal y para los proveedores.

Hoy en día la globalización es una **necesidad**. Es cierto que tiene el inconveniente de la competencia, pero también es una **oportunidad para la empresa y para ti como emprendedor**: puedes enfocar tu idea hacia una realidad que no te limite a tu territorio o localidad.

Ejemplo. La empresa global Google

Si hablamos de Internet, posiblemente te venga a la cabeza Google. Y sí, es cierto, se trata de un gran ejemplo de empresa global.

Inicialmente era un motor de búsqueda para Internet creado por Larry Page y Sergey Brin. Y actualmente es una empresa que a nivel mundial está por delante de Coca-Cola y Microsoft.

Como bien sabes, Google tiene diferentes productos: YouTube, Blogger, Gmail, Google Maps, el navegador Chrome, recursos y herramientas para desarrolladores web, etc. Es una empresa con una amplia gama de productos, basada en el **principio clave de innovar** y con un estilo y forma de trabajar centrado en cuidar a las personas.

EMPRENDEDORES

«El 50 % de los emprendedores piensan su proyecto desde el comienzo como algo global».

Maria Pinelli

Se busca la globalización a la hora de emprender porque es necesario lograr oportunidades que permitan una **mayor competitividad**.

La **competitividad** es la capacidad para ofrecer productos o servicios en un mercado donde existen otras empresas que ofrecen lo mismo o algo parecido.

Y para lograr la competitividad de una empresa, un emprendedor debe enfrentarse a los **tres retos** que se indican en la figura 3.2.

Figura 3.2 Retos a los que se enfrenta el emprendedor global.

CLAVES PARA EMPRENDER

Las oportunidades de negocio en Internet son una tendencia importantísima en la sociedad actual. Es un modo fácil de emprender en solitario, de forma rápida y a bajo coste.

Estar presente en diferentes países es abrirse a culturas, idiomas, creencias y niveles de educación y desarrollo distintos. Las diferencias pueden ser notables en cuestiones logísticas básicas, como horarios de atención al público o forma de trabajar. Te encuentras con leyes, políticas y, por ejemplo, impuestos diferentes. Además, tienes que competir con las empresas del lugar que ya están establecidas y tienen más recursos que tú.

Sin embargo, esto permite aprovechar oportunidades mundiales. No olvides que con Internet cualquiera puede **vender algo en cualquier parte** del planeta y, además, **hacerlo en cualquier instante**.

SABER HACER

EMPRENDER EN UN MUNDO SIN FRONTERAS

La globalización viene dada por los cambios que suceden en el mercado. Relaciona los que te indicamos en los ejemplos con retos a los que se enfrenta el emprendedor global.

1. El desarrollo de la tecnología y, sobre todo, de las telecomunicaciones y las tecnologías de la comunicación y la información.
2. Los gustos y comportamientos de los consumidores, que cada vez son más homogéneos debido al impacto de la televisión y otros medios de comunicación.
3. La existencia de más fusiones entre empresas, cambiando la estructura de estas y su poder al ser más grandes y fuertes en el mercado.
4. Las áreas comerciales, cada vez más extensas, con lo que se intensifica la compra y venta entre países.

Solución

El desarrollo tecnológico supone más variedad de productos y servicios, y la aparición de mayor competencia (competencia y, también, dificultades del entorno).
La realidad de que existan gustos y comportamientos más estándares tiene que ver con el entorno general (dificultades del entorno). Los cambios en la empresa, su estructura y forma de funcionar, al ser más grandes, trae consigo retos a nivel logístico (problema de logística y barreras psicológicas), y que el mercado para comercializar esté más abierto podemos relacionarlo con el entorno y la competencia.

La **figura 3.3** muestra las habilidades que debe desarrollar un emprendedor global.

Propósito global — Hay que tener claras las **razones** y el objetivo de ser global. → Autoestima y persistencia

Colaboradores — Es importante **asociarse** con otras empresas, tener colaboradores para aprovechar su conocimiento y experiencia. → Trabajo en equipo

Proveedores — Conviene trabajar con **proveedores del mercado al que se dirige la empresa**, quienes conocen el lugar y cómo funciona. → Trabajo en equipo

Cultura — Se debe **crear una cultura**, una forma de pensar y comportarse en la empresa que sea global, abierta, flexible a otros países. → Asunción de riesgos, adaptarse a los cambios y visión global

Figura 3.3 Habilidades del emprendedor global.

PASA A LA ACCIÓN

Internet y globalización

Te proponemos un pequeño ejercicio de reflexión que relaciona la empresa con Internet y la globalización. Navega por la Red en busca de diferentes empresas, entra en sus páginas web e infórmate de qué venden y en qué mercados están. Se trata de que, a medida que vayas buscando, te hagas esta pregunta: **¿puede Internet ayudar a las empresas a ser globales?**
Recoge en tu cuaderno qué herramientas ves en Internet que faciliten a la empresa abrirse a mercados, ser visible y conocida y, simplemente, ser global.

ACTIVIDADES

4 Define qué entiendes por emprendedor global e indica qué habilidades o actitudes emprendedoras son necesarias.

ACTIVIDADES FINALES

ESQUEMA DE CONTENIDOS

1 Copia en tu cuaderno el siguiente esquema de los contenidos de la unidad y completa lo que falta.

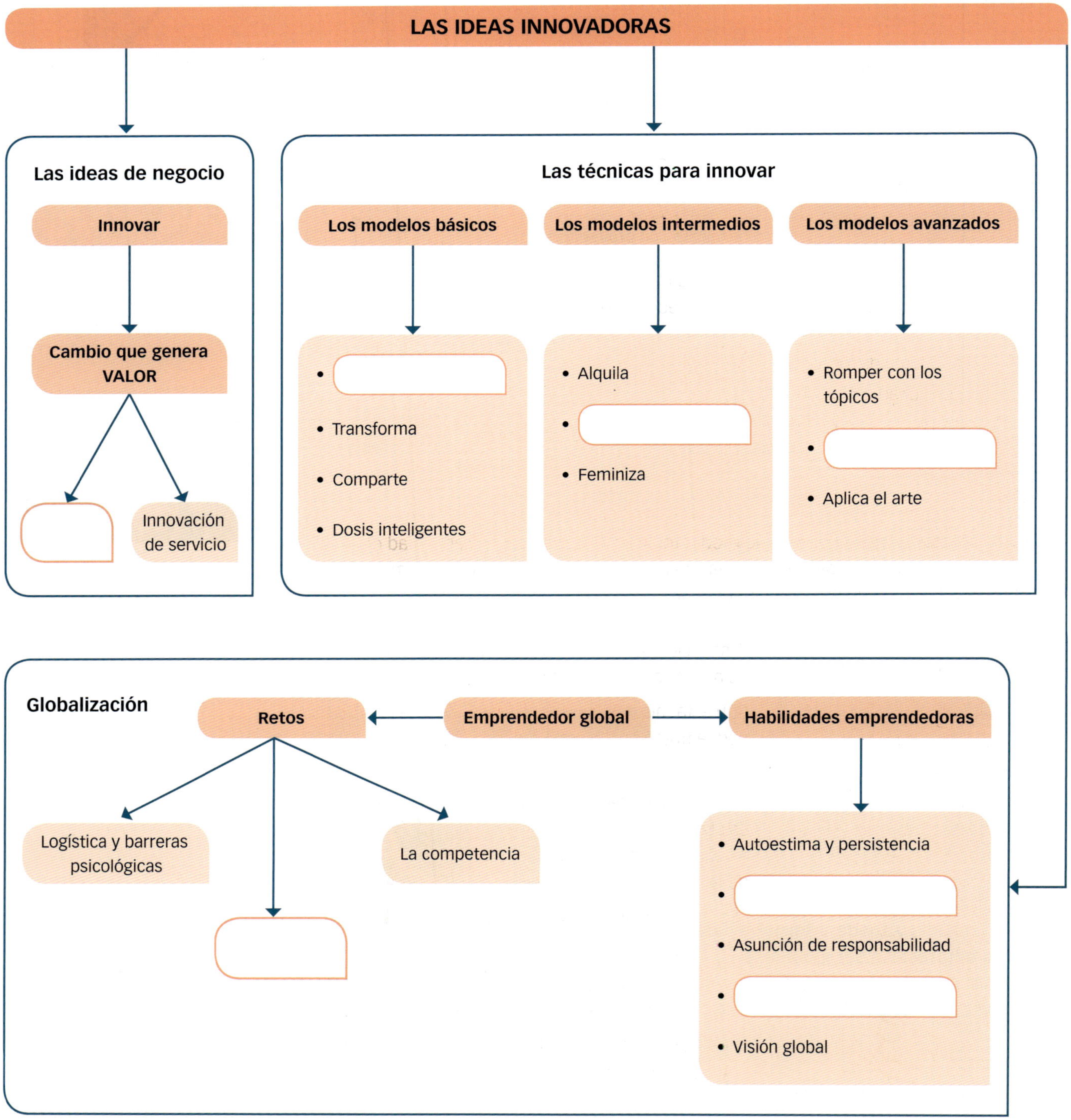

REPASA LO ESENCIAL

2 Recuerda en qué consiste la metáfora e indica qué tiene que ver este recurso con las técnicas para innovar.

3 ¿Cuál es la opción más adecuada en cada caso?

- La creatividad y la innovación:
  - a) Son conceptos diferentes pero relacionados.
  - b) Son conceptos independientes.
  - c) Son conceptos que no tienen nada que ver con emprender.
- La técnica de las dosis inteligentes:
  - a) Consiste en transformar un producto o servicio para darle otra utilidad.
  - b) Consiste en ofrecer un producto o servicio en partes más pequeñas.
  - c) Consiste en personalizar un producto a través del arte.
- Las leyes en China son diferentes a las de España. Esta situación es un reto para el emprendedor global que clasificamos como:
  - a) Un problema de logística.
  - b) Una dificultad del entorno.
  - c) Un problema de competencia.

4 Te presentamos tres ideas de negocio con objeto de que las relaciones con alguna de las técnicas vistas para innovar.

a) Una tienda en la que por una cuota diaria puedes disponer de joyas para ocasiones especiales.

b) Fly Pink, una aerolínea solo para mujeres.

c) Una empresa que se dedica a integrar las obras de artistas en la tapicería de los sofás.

PRACTICA

5 Observa estos cuatro ejemplos de productos y pon en práctica tu capacidad de innovación. Se trata de que seas capaz de imaginar un producto similar partiendo del modelo de referencia que te damos. Idea un producto innovador:

1 	El servicio que ofrecen las máquinas expendedoras de aperitivos: el negocio de *vending*. Con esta misma idea, ¿se te ocurre de qué productos podría tratarse?
2 	Parar el coche para abrir el mapa es algo del pasado. El GPS es para algunos como el invento de la rueda. ¿Se te ocurre alguna innovación en este sentido? 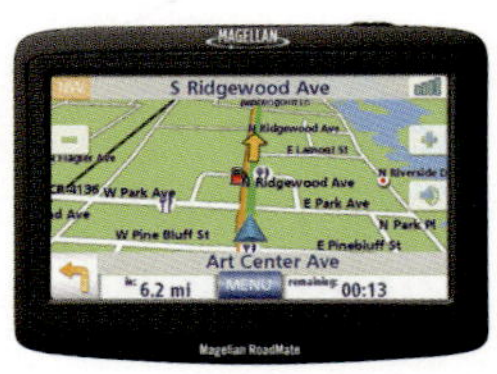
3 	Los muebles fabricados según el diseño del consumidor. Hay muchas fábricas que se dedican a dar este servicio. ¿Qué más se te ocurre? (lógicamente, que no tenga que ver con los muebles…).
4 	La utilización de tecnología o arte en las camisetas. De las clásicas camisetas con mensajes que avisan o informan, a otras camisetas más sofisticadas y que reportan utilidad. ¿Qué harías con una camiseta?

6 Todo lo relacionado con diseñar envases creativos e innovadores se conoce como *packaging*. Y te proponemos que hagas algo similar. Observa este ejemplo de innovación en envases de Simon Laliberté, que además de cumplir una doble función (pincel más brocha) se presenta al público en clave de humor para llamar la atención. Después, intenta hacer tú lo mismo con otro producto.

AMPLÍA

7 Lee el artículo siguiente y contesta las preguntas.

Intraemprendedores

«Decía el general Patton: "Nunca digas a la gente cómo hacer las cosas. Diles qué hacer y te sorprenderán con su ingenio". Los intraemprendedores son esa gente que no necesita 'cómos'. Empleados que no solo se atreven a contar sus ideas, sino que pretenden hacerlas realidad ellos mismos arrastrando compañeros y recursos.

Hace siglos todos éramos intraemprendedores. En nuestra tribu proponíamos ideas, movilizábamos al resto y asumíamos riesgos para encontrar comida y refugio. Nada más natural, pero hoy son pocas las empresas que apuestan por ellos. Estas son inconformistas y multidisciplinares.

Antes de su éxito, se burlaban de Apple diciendo que era "como un grupo de Scouts, salvo que estos suelen tener la supervisión de un adulto". Otras eran y son como el ejército de *Star Wars*. Estas crean canales abiertos para comunicar ideas y colaborar, otras vigilan sus silos departamentales a la norcoreana. Estas reconocen el mérito y la creatividad, otras los bienios y la lealtad. Estas hacen de la innovación el trabajo de todos. **Otras hacen de la I+D la 'Imitación + Disimulo', un placebo.** Estas saben que los errores son parte necesaria del aprendizaje y este del éxito. Saben identificarlos y matarlos rápido. Otras castigan al que arriesga pero dejan que sus errores se conviertan en Godzillas.

Cuando las empresas apuestan por los intraemprendedores, el optimismo sustituye al pesimismo y al 'medalomismo'. Lo que pasa dentro de la empresa es más interesante que lo que pasa fuera. No hay mejor predictor de éxito».

Fuente: Rafael Martínez, elcorreo.com (27 de junio de 2013).

a) ¿Qué entiendes por intraemprendedor?

b) Te hemos destacado cinco partes del artículo. Intenta asociar cada una de ellas con una palabra que tenga que ver con el emprendedor y la innovación. Por ejemplo, si se hubiera señalado algo como «emprender», podrías asociarlo inmediatamente con «idea».

AUTOEVALÚATE

8 Analiza áreas de oportunidad observando segmentos de tu entorno (alimentos, vivienda, seguridad…). Para ello, completa la tabla en tu cuaderno siguiendo estas instrucciones:

- **Innovación.** Identifica productos o servicios innovadores del mercado que tengan que ver con cada segmento de referencia.
- **Satisfacción.** Describe para cada segmento qué necesidad satisface, cuál es la razón de que exista (su justificación). Descríbelo de la forma más detallada posible.
- **Característica innovadora.** Se trata de comprender qué características (razones) convierten al producto y servicio en innovador: su funcionamiento (tecnología), su envase, su diseño, el marketing o la publicidad para hacerlo llegar al mercado…
- **Nuevas necesidades.** Identifica las necesidades o problemas que origina el producto o servicio.
- **Propuesta.** Indica una solución. Algo nuevo y novedoso, o una mejora. Tu capacidad de respuesta dependerá del grado de detalle con el que describas las columnas anteriores.

Segmento	Innovación	Satisfacción	Característica innovadora	Nuevas necesidades	Propuesta
Alimentos 					
Comunicación 					
Educación 					
Ocio (juego, recreo) 					
Salud 					
Seguridad 					
Transporte 					
Vestuario 					
Vivienda 					

Fuente: Adaptado del Instituto para el Emprendimiento, Creación de Empresas, Trabajo y Desarrollo Humano (CREA). Año 1997.

La actividad tiene por objeto que reflexiones de una forma más sistemática. Este es un método sencillo y muy apropiado para comenzar a tener ideas sobre las que trabajar más tarde. Es, por decirlo de algún modo, el cómo y por dónde empezar.

Conexiones morfológicas cruzadas

¿Qué es?

Técnica para generar ideas propuesta por Don Koberg y Jim Bagnall basada en buscar conexiones entre ideas, características, elementos o cualquier atributo que hayamos identificado previamente.

¿Para qué sirve?

Para identificar nuevas ideas a partir del cruce de otros aspectos o ideas iniciales.

Ponlo en práctica...

Para aplicar la técnica tienes que seguir los pasos siguientes:

1. Parte de un **listado de ideas** que ya hayas generado y que ha podido ser el resultado de alguna otra técnica trabajada en unidades anteriores. Se trata de «rizar el rizo» para obtener nuevas ideas o perspectivas.

   En caso de que quieras empezar de cero, es preferible que obtengas un listado de ideas sobre lo que quieras analizar («objeto creativo») aplicando alguna otra técnica: el catálogo, ideas animadas...

2. Ahora tienes que **descomponer el objeto creativo en bloques**. Estos bloques son áreas en las que tendrán cabida las ideas que han surgido. Por ejemplo:

   - Objeto creativo: mejorar los parques de juego de los niños.
   - Bloques: instalaciones, ubicación, materiales...

   Y, por último, agrupamos las ideas en cada bloque. Siguiendo con el ejemplo, en instalaciones podríamos incluir ideas que hayan surgido, como toboganes, túneles, columpios...

3. **Conecta los aspectos de varios bloques** al azar (no importa el orden). Se trata de que establezcas conexiones que generarán nuevas ideas.

   Supón que de los pasos anteriores surge:

   - Instalaciones: toboganes, túneles, columpios, balancines...
   - Ubicación: parques, plazas, terrazas, centros comerciales, colegios...
   - Materiales: hierro, plástico, corcho, madera, cuerda...
   - Personas: niños, jóvenes, jubilados, madres...
   - Otros: papeleras, flores, bancos, vallas...

   Una conexión posible podría ser: balancines-plástico-madres-flores. Y la idea: crear un grupo de madres que enseñen a los niños jardinería en el parque infantil como un juego adicional.

Propuestas de trabajo:

a) Selecciona una idea ya trabajada con la técnica de ideas animadas y aplica las conexiones morfológicas cruzadas.

b) Escoge una idea que te haya llamado especialmente la atención del ejercicio «Autoevalúate», y trabájala con esta técnica de generación de ideas.

La empresa es...

LA PÁGINA WEB

http://www.chupachups.es/index.php

LA PERSONA

Enric Bernat

A QUÉ SE DEDICA...

Fabricación y venta de caramelos con palo.

EL COMIENZO...

Nace en 1958, de la mano de Enric Bernat, fundador y presidente, quien tiene la idea de ponerle un palo a los caramelos para que fuera «como comer un caramelo con un tenedor». La fábrica nació en Asturias, contando con 7 sabores diferentes y vendiéndose a una peseta (precio elevado para la época). En 1967 se inauguró una fábrica en Sant Esteve Sesrovires (Barcelona), y se abrió la primera filial en Perpiñán (Francia).

AHORA...

El producto clásico se vende hoy de diferentes formas: bolsas, latas, megalatas, ruedas y tubos. Y con variedad (Trío Chicle, chocolate, sugar free, gomis y hasta alérgenos y sin gluten). En la actualidad hay hasta tienda de ropa Chupa Chups (en http://www.chupachups2wear.com/), y se producen más de 10 millones de unidades al día. La fábrica pertenece ahora a la multinacional Perfetti Van Melle, conocida por vender chicles en unos 130 países (Mentos, Happydent...).

INICIATIVA EMPRENDEDORA...

Lo más simple es lo más útil. La innovación no tiene por qué estar ligada a la tecnología. Enric fue capaz de crear valor poniendo un palo a un caramelo. Observa:

- Alexandre Campos Ramírez patentó en 1937 el futbolín (también aparece el palo).
- Manuel Jalón Corominas patentó en 1964 la fregona (con un palo).

Utiliza el juego de traslación, la técnica que más te guste, y haz lo mismo. Quién sabe..., quizás llegues a acordarte toda tu vida de este ejercicio por ser lo que te lleve a patentar algo...

HABILIDADES EMPRENDEDORAS...

En la unidad hemos visto técnicas para innovar. Y nos hemos referido también al **diseño de envases**. Pues con Chupa Chups ocurre algo curioso en cuanto al envoltorio.

Busca información sobre el logotipo.

- ¿A qué se parece la imagen?
- ¿Quién la diseñó?
- ¿A qué técnica para innovar te recuerda?

4 La empresa y el entorno

SABER

- La empresa.
- El entorno.

SABER HACER

- Comprender cuáles son los elementos y objetivos de una empresa.
- Diferenciar tipos de emprendedores y empresarios.
- Reconocer el entorno general y específico con el que interactúa la empresa.
- Elaborar un DAFO, haciendo un autoanálisis de tu futuro académico.

Todas las empresas no son iguales. Cada una tiene objetivos diferentes, y se organiza de forma distinta. Los emprendedores son quienes deciden **qué hacer y cómo hacerlo**, pero teniendo muy en cuenta dónde están (su localización) y **el entorno** que les influye, y en el que también influyen.

? NOS HACEMOS PREGUNTAS

- ¿Qué objetivos persigue una empresa?
- ¿Cuántos tipos de emprendedores hay?
- ¿Qué diferencia hay entre empresario individual y colectivo?
- ¿Qué factores externos influyen en la empresa?
- ¿Sabes qué es un DAFO?

1 La empresa

Una empresa no nace casualmente. Tiene una **razón de ser**. Unos **objetivos**.

La **empresa** es un conjunto de **elementos organizados** que, a través de una **actividad económica**, intentan alcanzar unos **objetivos**.

1.1. Las características de la empresa

Cada empresa tiene unas características diferentes en función de qué **factores de producción** utiliza, cómo se **organiza**, el tipo de **actividad** que lleva a cabo o cuáles son sus **objetivos**. En la tabla siguiente describimos cada uno de estos elementos.

CONCEPTO	DESCRIPCIÓN	EJEMPLOS
Elementos ①	Necesita factores de producción: • Personas. • Recursos materiales (recursos naturales y capital físico). • Recursos intangibles. 	• Personas que trabajan en la empresa. • Recursos naturales: trigo, madera, minerales… • Capital físico: local, maquinaria, vehículos… • Recursos intangibles: la marca de la empresa, el conocimiento, la experiencia de las personas…
Organizados ②	Coordina los recursos a través de diferentes **funciones**. 	• Dirección: toma las decisiones de la empresa. • Área de personal: selecciona trabajadores, contrata, gestiona la formación… • Área económica y financiera: se encarga de la contabilidad, los impuestos… • Área de producción: diseña el producto, controla los materiales, su calidad… • Área de comercialización: se encarga de las ventas, de los clientes, de estudiar el mercado… • Área de investigación, desarrollo e innovación (I+D+i): investiga sobre el producto, cómo desarrollarlo, innovar…
Actividad ③	La empresa lleva a cabo una actividad económica: • Sector primario: actividades de obtención de recursos de la naturaleza. • Sector secundario: actividad artesanal e industrial manufacturera. • Sector terciario: actividades que satisfacen el bienestar de las personas, como servicios, comunicación, turismo…	Ganadería, pesca, construcción, servicios, transporte, comercio, etc. 
Objetivos ④	Toda su actividad está orientada a alcanzar unas metas: beneficio económico, crecimiento, supervivencia, satisfacción de clientes y ayuda social.	Obtener beneficios, prestar ayuda social a colectivos determinados (discapacitados, mujeres que sean víctimas de violencia de género…), ser la referencia en el mercado en el que está, crecer abriendo nuevos centros de trabajo en diferentes provincias…

SABER MÁS

Generalmente se utiliza el número de trabajadores como referencia para clasificar las empresas por su tamaño:

- **Microempresa:** menos de 10 trabajadores.
- **Pequeña empresa:** máximo de 49 trabajadores.
- **Mediana empresa:** menos de 250 trabajadores.
- **Gran empresa:** más de 251 trabajadores.

SABER MÁS

En cuanto a los sectores de actividad económica, se habla también de un **cuarto sector**: el **social**, que incluye empresas sociales, que no buscan el beneficio, sino el bien común.

La búsqueda del beneficio común, la ayuda social, es la razón de ser del llamado **emprendedor social**.

SABER HACER

TRAZAR OBJETIVOS

RENAULT

El grupo fue fundado en 1898 por Louis Renault, y comenzó fabricando 250 coches. Hoy, se plantea unas ventas de hasta 3 millones de vehículos. Para ello, sus retos son:

1. **Innovar.** No parar de hacerlo.
2. **Reforzar su marca** (que sea más conocida).
3. **Mantener su posición de ventas** y expandirse internacionalmente.

Vender 3 millones de vehículos, ¿qué tipo de objetivo es?

Solución

Llegar a unas ventas de 3 millones, así como mantener su posición de ventas, son objetivos de tipo económico. Innovar tiene que ver con la supervivencia de la empresa, y expandirse, con el crecimiento.

Ejemplo. Los objetivos de Iberdrola

Iberdrola es una gran empresa que se dedica a la producción, distribución y comercialización de energía, sobre todo de electricidad.

Para Iberdrola, el reto es ser capaz de responder a la subida de precios de los combustibles y los diferentes recursos renovables. Un propósito que tiene en cuenta la protección del medio ambiente.

IBERDROLA

Por esa razón, busca ser un modelo energético sostenible.

La estrategia de Iberdrola tiene presente que quiere ser un modelo energético sostenible. Para ello, define tres grandes objetivos:

1. **Objetivo económico:** seguridad y garantía de abastecimiento para ofrecer suministros energéticos estables.
2. **Objetivo social:** que toda persona pueda acceder al servicio.
3. **Objetivo ambiental:** lograr menos emisiones de CO_2, mayor eficiencia en la producción y uso de la energía, y cumplir con la normativa ambiental.

GLOSARIO

Proveedor: Persona o empresa que abastece a otros de existencias (artículos) para que desarrollen la actividad.

1.2. La localización y la dimensión de la empresa

La **situación geográfica** de la empresa es clave para el emprendedor: condiciona la estrategia que se va a seguir para tener acceso a determinados servicios o para llegar con facilidad a los clientes y a los proveedores.

Para ello, es necesario valorar:

- La inversión económica necesaria para la instalación y el coste del terreno.
- El coste de la reforma o rehabilitación del local para acondicionarlo a la actividad.
- La accesibilidad y la facilidad con la que identificarán a la empresa tanto los clientes como los proveedores.
- La presencia en los alrededores de servicios auxiliares.
- El número de habitantes existentes en la zona.

ACTIVIDADES

1. Elabora un diagrama que resuma los cuatro conceptos de la definición de empresa.

Como resumen, observa la **figura 4.1**.

Disponibilidad de materias primas y envases.

- Distancia a las fuentes de abastecimiento.
- Canales de distribución (coste).

Los suministros de la empresa.

- Energía y combustibles: fuentes de abastecimiento, distancia, reservas existentes y coste.
- Agua: calidad, cantidad, coste, existencia de tanques de almacenamiento en su caso.

Infraestructura existente.

- Vivienda.
- Energía.
- Transporte.
- Alcantarillado.

Mano de obra en la zona.

Geografía de la zona.

- Clima.
- Temperatura.
- Humedad.
- Lluvias.
- Topografía.

Figura 4.1 Factores determinantes para decidir la localización de la empresa.

En cuanto a la **dimensión**, hay que considerar de qué forma se van a disponer los recursos materiales para ordenar los espacios de forma cómoda y eficaz. Observa la tabla siguiente:

FACTORES QUE HAY QUE TENER EN CUENTA PARA DECIDIR LA DIMENSIÓN DE LA EMPRESA	
Factor a tener en cuenta	**Objetivo**
1. Comodidad.	Lograr la satisfacción del personal observando las adecuadas medidas de seguridad e higiene en el trabajo.
2. Espacio de trabajo.	Buscar el aprovechamiento del espacio con el que cuentas, pero garantizando una superficie de trabajo adecuada para las personas.
3. Capacidad de producción.	Qué necesitas, cuánto y cómo para poder producir lo necesario con los medios disponibles. La correcta disposición de las máquinas y las herramientas garantiza que no haya retrasos en la fabricación y desaparezcan los tiempos muertos y las demoras en la producción.

ACTIVIDADES

2 Cumplimenta la tabla indicando a qué grupo corresponde cada uno de los factores que sirven para determinar la localización de la empresa: materias primas y envases (MP), suministros (S), infraestructura (I), mano de obra (M) y geografía de la zona (G):

Factor a tener en cuenta	MP, S, I, M, G
El sistema de transporte que hay en los alrededores.	
El clima de la zona.	
Los canales de distribución con los que se puede contar.	
La existencia de tanques de agua en el lugar.	
La humedad de la localidad.	
La disponibilidad de personal para trabajar que hay en la zona.	
El sistema de alcantarillado.	
Las fuentes de abastecimiento de energía y combustible con las que se puede contar.	
La distancia que hay entre las fuentes de abastecimiento y el lugar de la empresa.	

EMPRENDEDORES

«Un negocio que no hace otra cosa más que dinero es un negocio pobre».

Henry Ford

SABER MÁS

Dependiendo de quién es el propietario de la empresa, podemos hacer la siguiente **clasificación**:

- **Privada:** el titular o dueño de la empresa es un particular.
- **Pública:** el titular es un ente público. Por ejemplo: Renfe, que pertenece a la Administración General del Estado.
- **Mixta:** la titularidad de la empresa pertenece tanto a la administración pública como a particulares.

1.3. Los tipos de emprendedores y empresarios

En esta asignatura hemos querido transmitir que el emprendedor es una persona que utiliza sus habilidades y sus destrezas para convertir una idea en un proyecto concreto, una empresa o una organización con objeto de generar valor a la sociedad. Con ese enfoque se puede decir que existen **dos tipos de emprendedores**. Observa la **figura 4.2**.

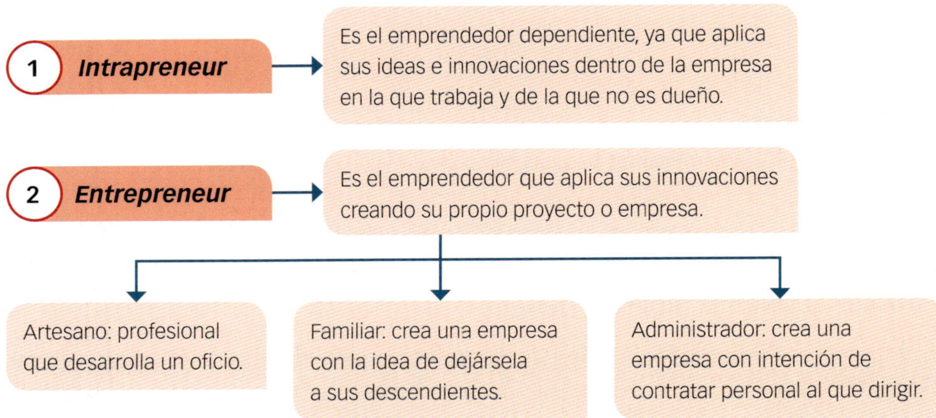

Figura 4.2 Tipos de emprendedores.

Asimismo, cuando el ***entrepreneur*** materializa su idea en una empresa u organización, puede hacerlo de dos formas. Observa la **figura 4.3**, donde vemos **dos tipos de empresarios**.

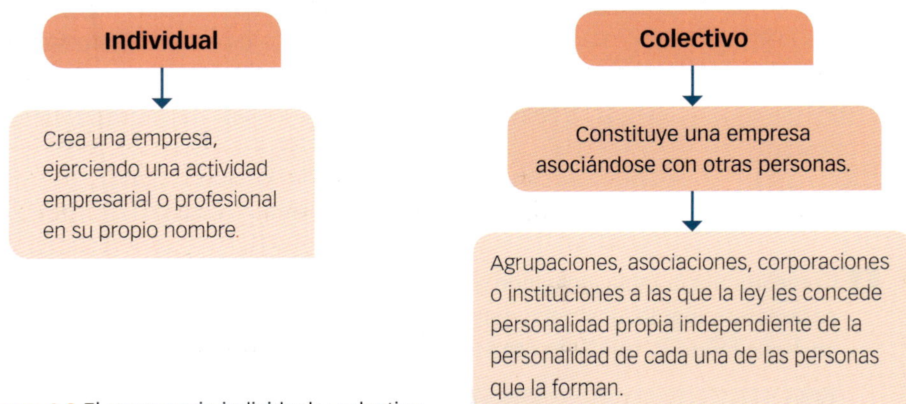

Figura 4.3 El empresario individual y colectivo.

SABER HACER

EMPRENDER EN SOLITARIO

Juanjo tiene la titulación de Podología y quiere poner en funcionamiento una empresa dedicada a esta profesión, diagnosticando y tratando los problemas del pie. Para ello, opta por hacerlo solo, en su propio nombre, y no asociarse con nadie. ¿De qué forma está constituyendo su empresa?

Solución

Juanjo va a ejercer la profesión en su propio nombre y sin asociarse con ninguna persona. No crea ningún tipo de sociedad para agruparse ni asociarse con nadie. Por tanto, lo hace de forma individual.

2 El entorno

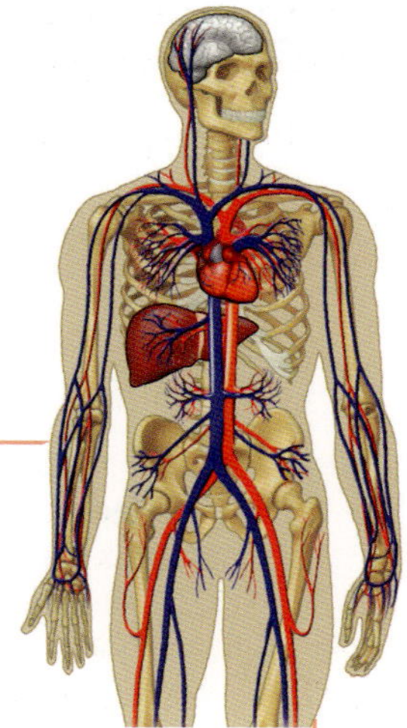

Las personas, el área de producción o la dirección, por ejemplo, no van cada una por su lado. Todas se interrelacionan. Son como **pequeños sistemas, dentro de un sistema mayor** (la empresa como tal).

Ejemplo. Anatomía de la empresa

La empresa es como el cuerpo humano y, de hecho, si te paras a pensar, puedes incluso hacer una comparación. Observa:

Por un lado, necesita recursos del exterior (energía, dinero, tecnología...) y, por otro lado, ofrece bienes, servicios, tecnología, dinero...

Es decir, que la empresa necesita alimentos y un sinfín de estímulos externos.

- La **dirección** de la empresa es el **cerebro**, que coordina los movimientos y todo lo que se hace (que la empresa funcione).
- La **sangre** en la empresa representa su actividad, qué es lo que hace, pero más importante aún: sus valores y en qué cree (el compromiso, el trabajo en equipo, la solidaridad, el respeto...).
- Toda empresa tiene su razón de ser, su propósito. El «qué quiere ser» sería el **corazón**.
- El **sistema óseo** representa la infraestructura de la empresa: local, instalaciones, maquinaria, herramientas, ordenadores...
- El **hígado** nos administra energía. El área económica y financiera de la empresa, la contabilidad, por ejemplo, controla lo que necesita cada órgano (la gestión del dinero).
- ¿Y cómo se lleva a cabo todo? ¿Quién lo hace? Las personas. Por tanto, **las manos**.
- El área de comercialización, por ejemplo, es fundamental para vender. El marketing es necesario para llegar al cliente (a sus gustos y necesidades). ¿Y cómo llegar a un sitio? Con **las piernas**.

Además, debes tener en cuenta que la empresa es un **sistema abierto**; es decir, que influye y recibe influencia del exterior. Ese medio con el que se relaciona, el entorno, es de dos tipos: **entorno general y entorno específico**.

CLAVES PARA EMPRENDER

La habilidad de **exploración** y **observación** es la clave para entender el entorno.

Comprender algo implica que antes se conozca. Por tanto, comienza observando...

2.1. El entorno general

En el entorno general consideramos factores externos que **no dependen de la empresa**.

El **entorno general** es el conjunto de factores externos que afectan a la empresa independientemente de su actividad.

Observa la **figura 4.4**.

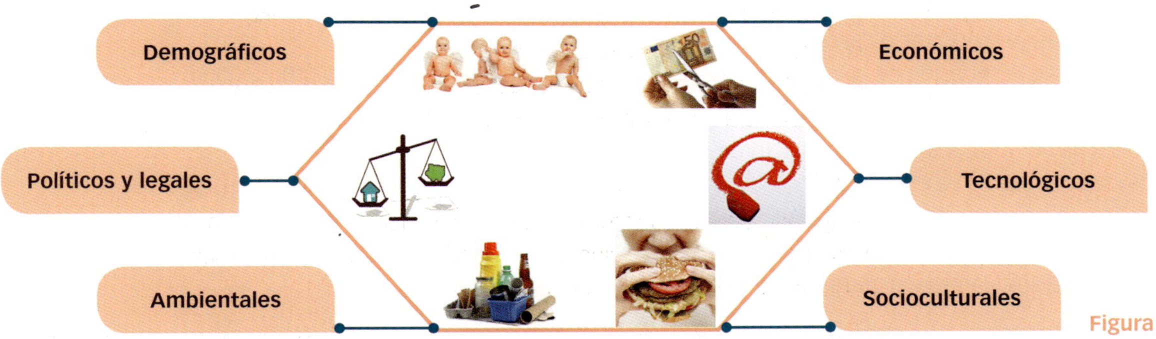

Figura 4.4 Factores del entorno.

SABER HACER

CONOCER EL ENTORNO

Lee los titulares siguientes y responde a las preguntas:

1. Relaciónalos con alguno de los factores del entorno general.
2. Explica con tus palabras el significado de cada uno.

①

McDonald's abre restaurante vegetariano en la India.
El abanderado de la hamburguesa, McDonald's, está cediendo a la demanda local y abrirá un restaurante sin carne en la India.

②

Alimentación y medio ambiente, más unidos que nunca.
Producir un kilo de carne consume 16.000 litros de agua, además de un considerable gasto energético y de otros recursos, y de emitir gases contaminantes. Si, además, ese kilo de carne acaba en la basura, se comete un crimen ambiental y social muy grave.

③

La crisis pone el cierre a más de 125.000 empresas, el 10 % del total.
La incertidumbre sigue marcando el día a día en la empresa.

④

Varias empresas, como Nissan, retiran su publicidad de Facebook en una campaña contra el maltrato de las mujeres.
Varias empresas, como Nissan, decidieron retirar sus anuncios de Facebook en apoyo a la campaña #FBRape contra el maltrato de la mujer. Los internautas piden que la red social más grande del mundo controle las publicaciones y elimine las que son abiertamente agresivas.

⑤

La Ley de Emprendedores beneficiará a 45.800 empresas y 96.000 autónomos en Sevilla, según el PP.

⑥

El mercado de pañales crece a buen ritmo.
En este momento más de un millón de niños peruanos están usando un pañal. Sean estos de tamaño pequeño, medianos o extragrandes, con máxima protección o normal, con el dibujo de algún personaje o simples, de tela o desechables. Hay para todos los gustos.

Solución

1. Cada titular se corresponde con uno de los seis factores del entorno general de la figura 4.4.

   En orden, serían los siguientes: sociocultural, ambiental, económico, tecnológico, político y legal y, por último, demográfico.

2. El primer titular (factor sociocultural) es ejemplo de cómo pueden influir el estilo de vida y las creencias en las ventas de una empresa. En este caso, McDonald's se adapta a la situación de la India si quiere entrar en ese mercado.

   El supuesto de los alimentos (factor ambiental) expresa muy bien cómo la empresa se ve influida por la concienciación y mayor sensibilización que hay actualmente por todo lo relacionado con el consumo responsable o, por ejemplo, la gestión de residuos.

   El tercer titular (económico) representa algo muy importante: la relación entre la buena marcha de la economía y la empresa.

   En cuarto lugar tenemos la tecnología, y un caso de cómo influye esta sobre la empresa. Las redes sociales son buenas, pero también pueden ocasionar inconvenientes. Y la imagen o la marca de la empresa puede verse afectada.

   En quinto lugar, la Ley de Emprendedores. Los impuestos, las leyes, la política en general marcan el rumbo a seguir a la empresa.

   Por último, tenemos los pañales. Hay productos que están orientados a colectivos determinados. La edad influye en la compra de unos u otros productos.

2.2. El entorno específico

Sabes perfectamente que al comprar algo puedes elegir entre diferentes empresas. También sabes que tú, como cliente, con tus compras, eres quien hace que la empresa sobreviva. Y que no eres el único.

El **entorno específico** se compone de factores externos que afectan directamente a la empresa.

En la **figura 4.5** puedes ver cuáles son los **tres factores** que debes conocer.

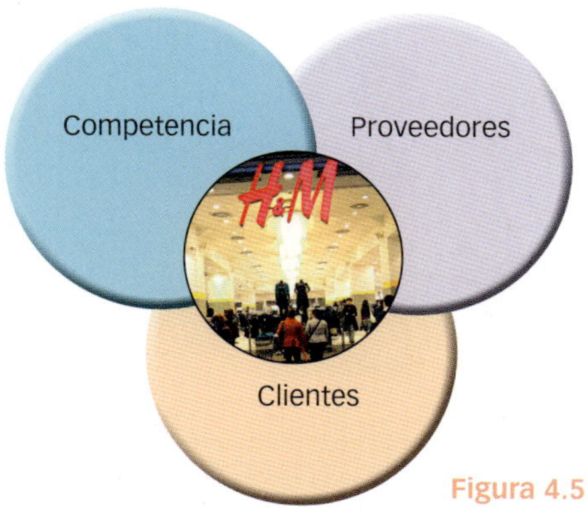

Figura 4.5 Factores del entorno específico.

EMPRENDEDORES

«No descubrirás nuevas tierras sin asumir que perderás de vista la orilla durante mucho tiempo».

André Gide

Ejemplo. ¿Pan o galletas?

Para una fábrica de galletas como Coral, su competencia puede ser otra empresa que también ofrezca galletas, como Gullón. Las dos ofrecen el mismo producto, y así el consumidor puede elegir. Las dos empresas se hacen competencia.

Ejemplo. ¿Qué necesita la habitación de un hotel?

Un hotel necesita reponer diariamente algunos productos como el jabón, las toallas o, simplemente, comprar comida para sus clientes.

El hotel compra a otras empresas estos productos: son los proveedores.

Ejemplo. ¿Qué pide el cliente?

El cliente es quien compra, así que es la razón principal de todo. Esto significa que hay que escucharle, saber qué quiere y cuáles son sus necesidades.

Para ello, podemos preguntarle a través de encuestas o, por ejemplo, brindarle la oportunidad de que nos dé sugerencias. Por supuesto, hay que responder a las quejas o reclamaciones que haga porque no está de acuerdo con el servicio que se le ha dado.

> **EMPRENDEDORES**
>
> «Tienes que pensar que muchas veces las cosas no van a salir. A la hora de la verdad, la mayoría de las empresas, cuando nacen, no tienen un plan maestro. Nosotros no lo teníamos. Empresas como Google, tampoco».
>
> Michael Dell

2.3. El análisis DAFO

El emprendedor ve oportunidades donde otros ven inconvenientes. Pero está claro que esa actitud y adelantarse a los problemas solo es posible estando atento. En la empresa ocurre lo mismo. Hay que **observar el entorno y estudiarlo para comprenderlo y saber qué hacer**.

> El análisis **DAFO** es un método que te permite estudiar las **variables** que influyen en la empresa y poder así encontrar **D**ebilidades, **A**menazas, **F**ortalezas y **O**portunidades.

Observa la **figura 4.6**.

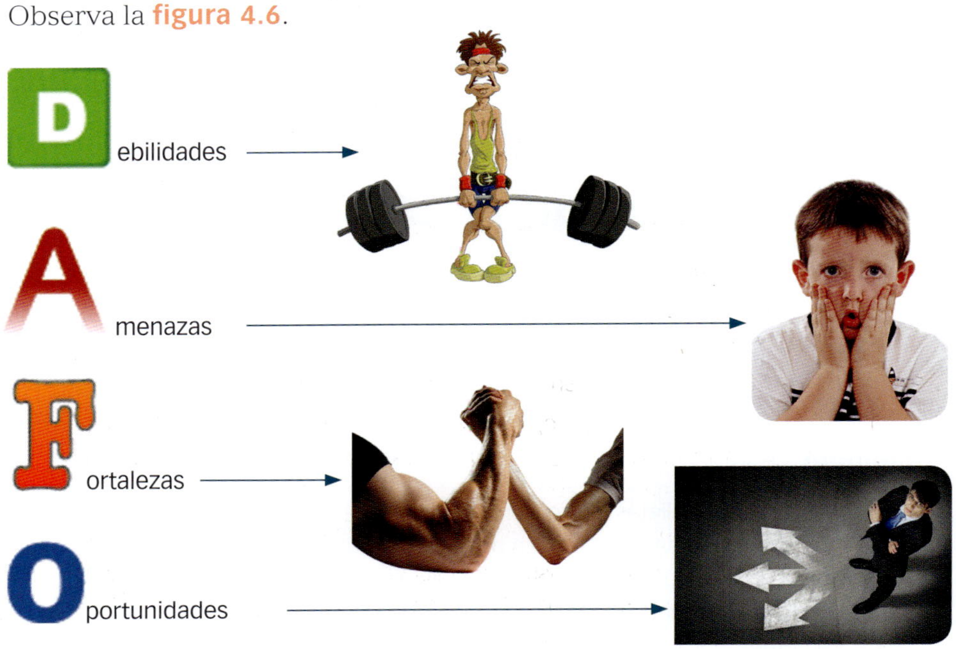

Figura 4.6 Significado del acrónimo DAFO.

> **SABER MÁS**
>
> En el **análisis DAFO**, los puntos fuertes y débiles se obtienen observando el interior de la empresa. Y las amenazas y oportunidades, a partir del exterior (del entorno).

Ejemplo. Análisis DAFO de Google

D
- Invierte poco en publicidad.

A
- La rápida evolución de Facebook y Twitter.
- La competencia: Microsoft y Yahoo.

O
- Convertirse en la operadora de Internet móvil de referencia.

F
- Millones de usuarios como clientes.
- Marca muy consolidada en el mercado.
- Personal muy preparado y motivado.

Si te das cuenta, el DAFO sirve para organizar la información que hayas recogido del entorno de la empresa. El **objetivo final es que detectes estas debilidades, amenazas, fortalezas y oportunidades para decidir** qué acciones llevar a cabo.

SABER HACER

ORGANIZAR EN UN DAFO

Paperlin es una pequeña empresa de Pontevedra que vende material de oficina. Su directora, Sara, quiere organizar en un DAFO la información que ha ido recogiendo de su personal y de los clientes.

- Sería bueno tener una web para poder vender *on-line* y llegar a más personas.
- El horario de atención al cliente es muy reducido (la competencia atiende más horas).
- Las personas que trabajan en Paperlin tienen gran formación.
- La empresa está localizada en un lugar adecuado para los clientes.
- Paperlin es una empresa joven, y se nota en que falta experiencia a la hora de comprar a los proveedores que suministran los productos (acuerdos poco beneficiosos, falta de confianza…).
- En las encuestas, los clientes dicen estar insatisfechos con la competencia.
- El bazar chino abierto en la misma calle donde se encuentra Paperlin dificulta las ventas, ya que tiene precios más bajos en artículos de papelería.
- Paperlín no tiene ofertas ni ofrece descuentos a los clientes.

Organiza la información en un DAFO.

Solución

Debilidades	Amenazas
• Ser una empresa nueva en el mercado hace que falte experiencia para negociar. • Dificultad a la hora de captar clientes por falta de acciones de promoción (descuentos, por ejemplo).	• Horario de apertura al cliente insuficiente con respecto al de los centros comerciales de la zona. • El bazar chino, con precios bajos en artículos de papelería.
Oportunidades	**Fortalezas**
• Desarrollar una página web para vender *on-line*. • Los clientes están insatisfechos con la competencia.	• Personal de Paperlin con gran formación. • La empresa está bien localizada para los clientes.

EMPRENDEDORES

«Resuelve un problema real, y el mundo será tuyo».

Aaron Patzer

PASA A LA ACCIÓN

Autoanálisis

Queremos que mires con «otros ojos» tu futuro académico. Para ello, busca tus puntos fuertes y débiles, y observa las amenazas y oportunidades que te rodean respecto a los estudios.

Para hacer este análisis, puedes seguir las pautas siguientes:

1. Observa la tabla DAFO y comprueba con qué te sientes más identificado en cada caso.
2. Copia en tu cuaderno la tabla, y apunta aquello con lo cual estés de acuerdo (puedes añadir cosas).

Debilidades	**A**menazas
• No memorizo con facilidad. • Leo poco y tengo mala comprensión lectora. • Tengo dificultades con las matemáticas… • Me cuesta prestar atención en clase. • Tengo faltas de puntualidad. • Me llaman la atención por mis comentarios o porque estoy hablando siempre cuando el profesor explica. • A veces me han expulsado del aula… • Tengo muchas faltas ortográficas… • Se me da mal la asignatura… • Estudio en el último momento: un día o dos antes del examen. • No suelo encontrar los papeles (desorganizado). • No tengo un método para estudiar. • No dispongo de agenda para organizarme. • Odio la asignatura… • No sé para qué sirve estudiar, en qué me ayuda. • Me acuesto tarde jugando a la Play o entreteniéndome con algo. Y no descanso lo suficiente. • No puedo concentrarme en los estudios. • Los fines de semana no descanso.	• En los exámenes me pongo muy nervioso e, incluso, llego a quedarme en blanco. • Hay profesores a los que no entiendo cuando explican. • No puedo estudiar en casa. • Tengo problemas en casa. • Cuando me conecto a Internet, me paso horas sin darme cuenta. • Mis amigos me lían. Me convencen y salgo más de lo que debería. • Mis amigos me distraen.
Oportunidades	**F**ortalezas
• Tengo exámenes de recuperación. • Puedo ir a clases de refuerzo. • En inglés tengo evaluación continua. • Puedo ir a la biblioteca a diario. • Mi familia me apoya en los estudios. • Tengo ordenador (Internet) para los trabajos de clase. • Mis amigos pueden ayudarme en los trabajos e, incluso, con otras asignaturas.	• Soy bueno en la asignatura… • Tengo facilidad para comprender las explicaciones. • Nunca o casi nunca me han llamado la atención. • Se me da bien redactar. • Me resultan fáciles los idiomas. • Sigo un método de estudio: leo, subrayo, hago esquemas… • Quiero sacar el título de la ESO cuanto antes. • Duermo bien, al menos 8 horas, y no estoy cansado.

ACTIVIDADES

3 ¿A qué tipo de factor del entorno general corresponde cada ejemplo de los siguientes?

EJEMPLO	FACTOR
El control de la emisión de CO_2 por la empresa.	
La obligación por ley de pagar un impuesto.	
El hábito de consumo que tiene la población.	
Los gustos y preferencias de compra de los adolescentes.	
La aparición de una nueva máquina.	

4 Pongamos como ejemplo la empresa Renfe. ¿Podrías decir qué competencia tiene?

5 A la hora de entender el entorno específico de una empresa, ¿cuáles son los tres factores que debes conocer? Escribe una frase sobre el emprendimiento relacionada con cada uno de esos tres factores.

6 Tú mismo eres cliente de alguna empresa. Sin necesidad de decir nombres de empresas, di al menos seis tipos de negocios de los que eres cliente habitual.

7 Explica qué es un DAFO y para qué le sirve a un emprendedor.

ACTIVIDADES FINALES

ESQUEMA DE CONTENIDOS

1 Copia en tu cuaderno el siguiente esquema de los contenidos de la unidad y completa lo que falta.

LA EMPRESA Y EL ENTORNO

La empresa

- **Elementos**
  - Personas
  -
  - Recursos intangibles
- **Organizados**
  - Dirección
  - Personas
  - Económico y financiero
  - Producción
  - Comercialización
  - I + D + i
- **Actividades**
  - Primario
  - Secundario
  - Terciario
- **Objetivos**
  - Beneficio
  -
  - Supervivencia
  - Satisfacción de clientes
  -
- **Localización y dimensión**
- **Los tipos de emprendedores y empresarios**
  -
  - Individual
  - *Intrapreneur*
  -

El entorno

Análisis... D, F

General: Económicos, Tecnológicos, , Ambientales, Políticos-legales,

Competencia, , Proveedores → **Específico**

REPASA LO ESENCIAL

2 ¿Cuál es la opción más adecuada en cada caso?

- La fotocopiadora de una oficina es:
  - a) Un recurso natural.
  - b) Capital físico.
  - c) Un recurso intangible.
- El objetivo de una empresa de colaborar con una ONG de ayuda humanitaria es:
  - a) Un objetivo de crecimiento.
  - b) Un objetivo de supervivencia.
  - c) Un objetivo de ayuda social.
- Indica cuál de los siguientes factores no es del entorno general:
  - a) Clientes. b) Tecnología. c) Estilo de vida.
- Que una empresa no tenga página en Facebook puede considerarse como una:
  - a) Debilidad. b) Amenaza. c) Fortaleza.

PRACTICA

3 En general, te puedes encontrar con mercados en los que hay productos que se compran con gran frecuencia (consumo inmediato), mercados de productos que duran más tiempo y que sirven hasta que pierden su utilidad o se quedan anticuados (consumo duradero) y mercados de intangibles (servicios). Asocia cada empresa con uno de estos mercados y di a qué sector de actividad pertenecen.

AMPLÍA

4 Cierra los ojos. Imagina el año 2020. ¿Qué tipo de productos y servicios tendremos en el mercado? Haz una lista.

Al finalizar, puedes leer el artículo «Productos y servicios para el futuro» de *El País* en:

http://elpais.com/diario/2005/07/17/eps/1121581622_850215.html

AUTOEVALÚATE

5 Este cuestionario que te proponemos recoge ocho preguntas que te ayudarán a conocer el mercado. Ten en cuenta que son preguntas generales que puedes adaptar a tus necesidades. Como emprendedor, puedes utilizarlo si quieres lanzar una idea de negocio. Pero también podría darte pautas para aplicarlo a más asuntos.

Por tanto, responde en tu cuaderno utilizando la escala de respuestas siguiente y en función de que estés más o menos de acuerdo con lo que se pregunta:

Excelente (E), Bueno (B), Regular (R), Poco (P) y Nada (N).

	E	B	R	P	N
¿Conoces a quién diriges tu producto, servicio, idea, propuesta…? (personas, su edad, el sexo, sus gustos y preferencias…).					
¿Sabes a cuántos clientes podrías llegar a vender?					
¿Puedes decir quiénes te harían competencia?					
¿Conoces a tus proveedores? ¿Sus condiciones?					
¿Les va bien al resto de empresas de la competencia?					
¿Conoces el sector al que pertenece tu idea?					
¿Influye la tecnología y su avance en lo que piensas?					
¿Sabes cómo promocionar (publicitar) lo que tienes en mente?					

Fuente: Adaptado del Test del mercado de la Cámara de Comercio de Zaragoza.

El test te permite identificar el grado de conocimiento que tienes a tres niveles: clientes, competencia y proveedores; es decir, los factores del entorno específico.

Conocer más o menos el mercado supone que tus respuestas estén en torno a Regular, lo que te da las pautas para saber sobre qué aspectos debes informarte más.

Por tanto, debes reflexionar respecto de los siguientes tres aspectos:

Como emprendedor → **En general**

1. Tu producto o servicio → Qué tienes en mente (un proyecto, una idea, un producto, un servicio…). ¿Lo tienes claro?
2. Tu público → A quiénes te diriges y cuáles son sus gustos, preferencias, necesidades…
3. Tus proveedores → De quiénes vas a obtener lo que necesitas.

PROYECTO

Emprender requiere comprender bien el entorno en el que se encuentra la idea o el proyecto que se tiene entre manos. Por ello, te presentamos una técnica basada en *ideatoons* que puede ayudarte a visualizar creativamente tanto la idea de negocio como el mercado al que te diriges.

Ideas animadas

¿Qué es?

Ideas animadas es una técnica de pensamiento visual que fue inventada para el diseño de edificios.

¿Para qué sirve?

Su finalidad es generar ideas creativas e innovadoras a partir de símbolos o gráficos (*ideatoons*).

Ponlo en práctica...

Tienes que crear símbolos visuales en lugar de palabras, de forma que al combinarlos te lleven a generar nuevas ideas. Debes tener bien claro qué significa cada representación gráfica que hagas. Los pasos que has de seguir son:

1. Selecciona algunas imágenes que te ayuden a representar el problema, la situación o la idea de partida que quieres analizar o trabajar.
2. Pon cada imagen en una hoja diferente, y escribe una palabra que la identifique por la parte de atrás. Usa tantas hojas como imágenes y símbolos vayas a utilizar. Puedes dibujar lo que quieras.
3. Coloca las hojas encima de una mesa.
4. Observa las imágenes y busca ideas que asocien lo que estás trabajando con cada imagen o símbolo. Anota lo que te venga a la cabeza en tu cuaderno. Tienes que relacionar imágenes, asociarlas, conectar ideas, significados, etc. Busca alguna relación con cada imagen.
5. Si te bloqueas y no sabes cómo seguir, añade algún otro *ideatoon*. O comienza desde cero.

Propuestas de trabajo entre las que elegir:

a) Selecciona de 4 a 6 *ideatoons* que representen la idea que trabajaste en este apartado de la unidad 1, y pon en práctica esta técnica.

b) Selecciona 6 *ideatoons* que representen cada uno de los factores del entorno general y pon en práctica esta técnica para obtener alguna idea de negocio...

¿Algo para evaluar las ideas?

Positivos y negativos

Es una técnica de evaluación a partir de un listado de aspectos positivos y un listado de aspectos negativos de la idea.

1. Para cada idea, utiliza una hoja y divídela en dos partes (en forma de T). Arriba, pon el nombre de la idea. A la izquierda, anotarás lo positivo que te venga a la cabeza, y a la derecha, lo negativo.
2. Asigna un valor numérico del 1 al 100 a cada aspecto positivo y negativo, de forma que lo evalúes según la importancia que tiene para ti.
3. Finalmente, suma los valores positivos por un lado y los negativos por otro. Lo importante no es el número de positivos o negativos de cada idea, sino la suma de los valores.

Pon en práctica la técnica evaluando tu idea anterior.

AQUÍ Y AHORA

La empresa es…

LA PÁGINA WEB

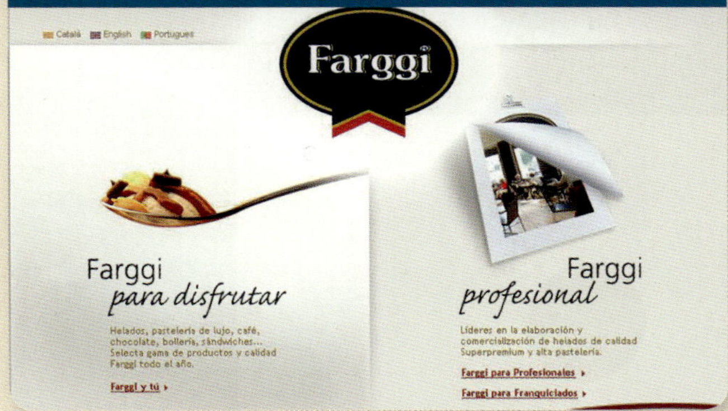

http://www.farggi.com

LA PERSONA

Jesús Farga

A QUÉ SE DEDICA…

Empresa de fabricación y comercialización de helados.

EL COMIENZO…

Desde que en 1957 Jesús Farga abriera la primera pastelería Farga en Barcelona, trabajó buscando la excelencia en sus proyectos. Esa pasión sentó las bases y marcó el inicio de su trayectoria empresarial: su autoexigencia, iniciativa, curiosidad y el trabajo en equipo hicieron que, en 1992, se inaugurara la primera tienda de helados Farggi.

AHORA…

La marca dispone de 90 tiendas en España y Portugal, y otras en fase de apertura en Oriente Medio. Asimismo, un reciente acuerdo con Roberto Servitje, hijo del presidente de Bimbo, ha facilitado que la marca catalana comience a comercializar sus productos en México, Estados Unidos y Japón; lo que convierte a la empresa en un ejemplo de internacionalización.

INICIATIVA EMPRENDEDORA…

Jesús Farga abrió su primera tienda en los años 50, entregando tarjetones de visita con la frase siguiente: «Ilusioné siempre conocer a mi cliente. Trabajar para usted». Ya desde esta anécdota queda presente su carisma y su preocupación por los clientes.
Lee estas frases y fíjate en los subrayados del texto.

«Era habitual verle visitar locales para buscar nuevas ubicaciones a sus comercios. Acudía a presentaciones e inauguraciones de tiendas selectas de la ciudad, atento a los nuevos gustos de la clientela. Incluso en sus últimos años, en los que lo podía haber dado todo por hecho, seguía buscando cómo mejorar, y les recordaba a sus hijos que tenían que aspirar siempre a hacerlo». Fuente: elpais.com. 6 de agosto de 2011.

¿Puedes relacionarlas con un factor del entorno y con un objetivo de empresa? Razona tu respuesta.

HABILIDADES EMPRENDEDORAS…

Las cualidades personales y sociales de Jesús Farga son propias de un verdadero emprendedor. Lee estas situaciones e identifícalas con alguna de las habilidades trabajadas en la asignatura:

1. En una entrevista, Jesús Farga dijo textualmente a quien después sería su director comercial: «¿Te vas a ir a Totsie Roll, que es una empresa multinacional muy grande, en la que vas a ser solamente un número, o a la mía, donde vas a ser una persona?».
2. Necesitaban comprar una furgoneta adecuada para que mantuviese frío el producto y no se estropeara, no disponiendo de dinero. «Es verdad. No tenemos dinero. Pero tengo una cosa –dijo Jesús Farga, al tiempo que sacaba un bolígrafo de su bolsillo–. Con esto puedo firmar lo que haga falta. Vamos a comprar la furgoneta».

5 La responsabilidad social

SABER

- Emprender y sociedad.
- La responsabilidad social corporativa.

SABER HACER

- Valorar el compromiso emprendedor con la sociedad.
- Aceptar la responsabilidad social que tiene el emprendedor a la hora de lanzar su idea o proyecto.

Las personas somos responsables de nuestros actos, así que las empresas son **responsables** de sus actividades. Toda empresa tiene una responsabilidad social y ambiental, y debe **cuidar y proteger a las personas y el entorno** en el que se encuentra.

? NOS HACEMOS PREGUNTAS

- ¿Cómo querrías que fuera tu empresa?
- ¿Cómo puedes ser un emprendedor responsable?
- ¿Puede el emprendedor aportar su granito de arena para hacer del mundo un lugar mejor?

1 Emprender y sociedad

La cultura de una empresa está compuesta por **valores** que deben compartir las personas que la integran. Y estos valores quedan reflejados en la **forma de ser y comportarse de la empresa** con lo que le rodea.

Ejemplo. Acción social

Aramon ofrece todos los años cursos de esquí en sus instalaciones a niños con cáncer de distintas asociaciones de España. El proyecto se inició con visitas a los hospitales donde estaban ingresados los niños, y prometiéndoles que al recuperarse podrían disfrutar de un fin de semana en la nieve.

Ten en cuenta que la empresa no está aislada. Es una parte más de la sociedad (observa la figura 5.1), y su **propósito**, lo que quiere llegar a ser y esos valores que la guían son cruciales para que todo lo que haga genere beneficios para las personas y para la sociedad en general.

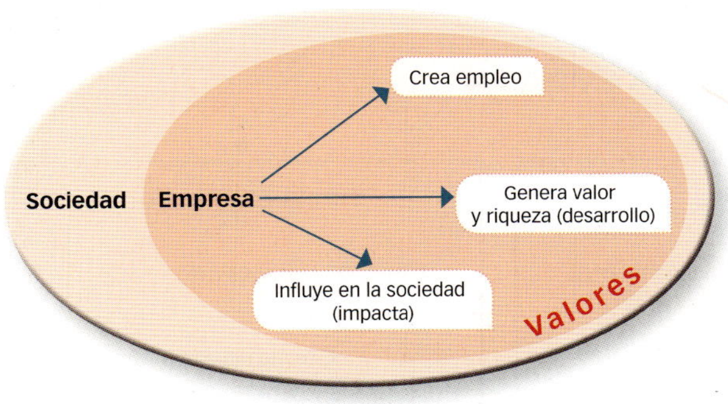

Figura 5.1 La empresa como parte de la sociedad.

Observa la tabla siguiente y reflexiona sobre el **enfoque social y responsable** que puede tener tu idea o proyecto.

ÁREAS BÁSICAS DE LA CULTURA DE EMPRESA	
ÁREAS	**QUÉ PREGUNTAS TIENES QUE HACERTE**
Innovación y empleo.	¿Quieres innovar? ¿Quieres crear empleo digno y para cualquier colectivo de la sociedad como discapacitados o, por ejemplo, personas en riesgo de exclusión social?
Recursos.	¿Quieres ser un emprendedor social y proporcionar recursos a la sociedad más allá de bienes y servicios?
Bienes y servicios.	¿Pretendes satisfacer las necesidades de la sociedad con bienes o servicios que tengan en cuenta a los más desfavorecidos? ¿O tu objetivo solo es económico?
Investigación.	¿Destinarías parte de tus beneficios a la investigación para mejorar tus productos o el bienestar de los ciudadanos? ¿Y para causas sociales?
Medio ambiente.	¿Piensas proteger el medio ambiente?
Prevención de riesgos laborales.	¿Quieres que el trabajo de las personas que formen parte de tu proyecto sea seguro?

EMPRENDEDORES

«Vale más hacer la cosa más insignificante del mundo que estar media hora sin hacer nada».

Goethe

SABER MÁS

La **cultura de una empresa** la compone el conjunto de normas, hábitos y valores y formas de pensar de las personas que forman parte de ella.

La **imagen corporativa** de la empresa es la impresión que tiene la sociedad sobre ella. Y los logotipos, por ejemplo, son la representación de la marca de una empresa a través de abreviaturas, símbolos y letras.

ACTIVIDADES

1 Pon algún ejemplo de empresa que destaque por sus valores y, por tanto, de la que puedas decir que se trata de una empresa con enfoque social.

2 La responsabilidad social corporativa

SABER MÁS

La empresa es un **sistema abierto**, influye y recibe influencia del entorno. Por ello, es importante que incorpore **valores éticos** como la calidad de la vida laboral, la solidaridad, la igualdad o el respeto al medio ambiente.

Sabes que la empresa es un **sistema abierto**, que se relaciona con el entorno y que sus valores y su comportamiento influyen en la sociedad. Esta es la razón por la que vamos a hacer referencia al concepto de **responsabilidad social corporativa**.

La **responsabilidad social corporativa** es el compromiso voluntario de las empresas por integrar valores éticos en su forma de entender y llevar a cabo el trabajo.

Este compromiso con el entorno y con la sociedad lleva a la empresa a **orientar su actividad a acciones sociales** que supongan algún beneficio para quienes la rodean. Pero ¿cómo puede hacer esto? ¿Qué tipo de acciones puedes plantearte como emprendedor para que tu proyecto, tu futura empresa, sea **socialmente responsable**?

En la figura 5.2 te presentamos un esquema de las **áreas sobre las que actúa la responsabilidad social corporativa**.

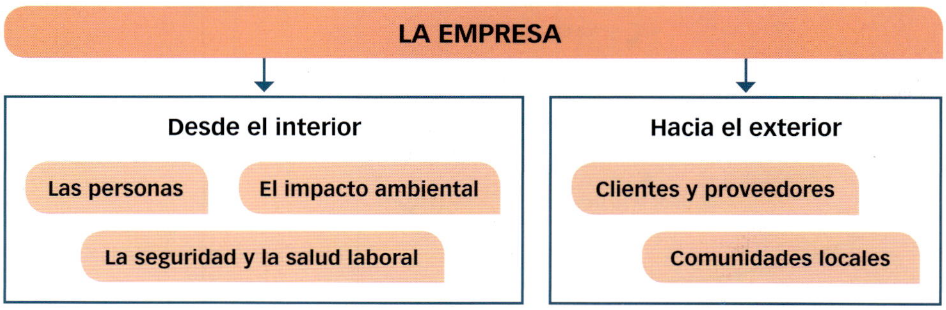

Figura 5.2 Áreas de la responsabilidad social corporativa.

Ejemplo. Prácticas responsables de grandes empresas

Los centros Hipercor de la Comunidad de Madrid recogieron un total de 34.560 kg de comida para el Banco de Alimentos en la «Operación Kilo» de 2013, una iniciativa que parte del acuerdo entre El Corte Inglés y la Federación Española de Bancos de Alimentos (Fesbal).

PASA A LA ACCIÓN

Acción social

Te proponemos conocer un poco más las empresas de tu alrededor.

1. Busca información de las empresas que hay en tu localidad. Tu profesor será quien se encargue de asignarte un área de la localidad a ti y a tus compañeros (en caso de hacerlo en grupo).
2. Investiga las empresas respondiendo a las preguntas siguientes: ¿Llevan a cabo algún tipo de acción social? ¿En qué área de la responsabilidad social corporativa se centra la acción social?

2.1. La empresa desde el interior

Ahora veremos las acciones socialmente responsables que se llevan a cabo desde la empresa y que son de **interés social**; es decir, las que afectan a las personas, su formación, la seguridad y salud en el trabajo o el medio ambiente.

2.1.1. Las personas

A nadie se le escapa que llevar cualquier proyecto a buen puerto no es posible sin personas. Por ello, es importante cuidarlas y hacer que trabajen de la mejor forma posible.

Así, en **el ámbito social de la responsabilidad social corporativa se tienen en cuenta medidas orientadas a las personas de la empresa**. En la tabla siguiente te ofrecemos ejemplos para que te hagas una idea más clara.

EMPRENDEDORES

«Cuando más trabajo es cuando no trabajo. Si no trabajara, la vida dejaría de interesarme».

Joan Miró

CLAVES PARA EMPRENDER

La responsabilidad social nace cuando el emprendedor muestra su lado más humanitario.

ACTUACIONES EN EL ÁMBITO DE LAS PERSONAS	
ÁREAS DE ACTUACIÓN	**EJEMPLOS DE MEDIDAS**
Equilibrio entre la vida laboral, personal y familiar.	Permisos para ausentarse del trabajo, ofrecer flexibilidad horaria para entrar y salir del trabajo, ofrecer jornadas intensivas en periodo estival, permitir el teletrabajo, acercar al trabajador a su domicilio con transporte de empresa, facilitar la elección de los días de vacaciones, etc.
Igualdad de oportunidades.	Todas las personas son seleccionadas y contratadas con criterios claros y que no discriminan a nadie (formación, experiencia…), tener una proporción de contratos equitativa entre hombres y mujeres, no establecer diferencias de salario por sexos, facilitar programas de ayuda (libros, servicios médicos, ayuda para hijos…) para todo el personal sin establecer diferencias, etc.
Salario y otras prestaciones.	Ayudas para el cuidado de menores (guarderías y educación), ayudas para comida (cheques restaurante, habilitar lugares en la empresa para comer, servicio de *catering*), ayudas para el transporte (autobús de empresa), formación para el personal, etc.

Ejemplo. Algunas curiosidades

- Walt Disney da un descanso extra o una caja de chocolates, al trabajador que localice al visitante del parque de atracciones que haya venido de más lejos.

- Burger King premia a su personal cuando algún empleado recomienda a alguien para trabajar en el área administrativa y resulta, finalmente, que es bueno. En ese caso, el premio consiste en bonos de regalo para comprar mercancía en establecimientos de la ciudad.

PASA A LA ACCIÓN

Lo que me merezco

Tal y como sucede en la empresa, tú también recibes recompensas en función del esfuerzo realizado. En tu caso, podemos fijarnos en las notas.

1. Haz una tabla de tres columnas en tu cuaderno que recoja el listado de asignaturas que tienes, la nota que esperas y la nota real.
2. Apunta en la columna de notas esperadas el resultado que piensas que obtendrás en cada asignatura. No pongas qué te gustaría, sino qué crees que obtendrás. Sé serio y objetivo.
3. Una vez que tu tutor o tutora te dé el boletín de notas, puedes volver a esta tabla y colocar las calificaciones reales. Se trata de que, en aquellas asignaturas en las que hay diferencias, escribas al menos una razón para que puedas darle «la vuelta a la tortilla» lo antes posible...

2.1.2. El impacto ambiental

La responsabilidad social corporativa también cuenta con un **ámbito ambiental**. Se trata de llevar a cabo acciones que tiendan a proteger el medio ambiente.

Ejemplo. Bajas emisiones en CO_2

El Grupo Leche Pascual dispone de una flota de más de 760 vehículos, que están propulsados por energías alternativas como electricidad, gas natural y autogás. Esto hace que más del 80 % de su flota de vehículos sea sostenible al utilizar combustibles limpios, y que haya sido galardonada con cinco estrellas por la certificación Ecostars.

Observa las acciones de este ámbito que te proponemos como ejemplos.

ACTUACIONES EN EL ÁMBITO AMBIENTAL	
ÁREAS DE ACTUACIÓN	**EJEMPLOS DE MEDIDAS**
Eficiencia energética.	Concienciar a las personas de la empresa del ahorro energético (normas, carteles, buenas prácticas...), trabajar utilizando la luz natural lo máximo posible, tener instalaciones que ahorren energía (placas solares, lámparas de bajo consumo...), desconectar todo aquello que no se utilice (ordenadores, pantallas, fotocopiadoras, iluminación...), etc.
Agua y control de vertidos.	Instalar difusores, temporizadores de presión del agua, limitadores de presión, etc. Realizar mantenimientos periódicos para evitar fugas, depurar las aguas que se vierten al alcantarillado o al río, etc.
Consumo de productos y generación de residuos.	Cumplir la legislación sobre almacenamiento de productos para evitar contaminación y derrames innecesarios, utilizar adecuadamente el papel, adquirir productos que no sean perjudiciales para la salud y para el medio ambiente, etc.
Emisiones a la atmósfera.	Renovar las flotas de vehículos, depurar las aguas residuales que se vierten al mar, al cauce o al alcantarillado, utilizar biocombustibles en la producción, llevar a cabo campañas de sensibilización, utilizar vehículos de empresa o compartir vehículos como medidas de movilidad sostenible, etc.

SABER HACER

PRODUCIR DE FORMA LIMPIA

Primark, cadena de suministro del sector textil, contrata la fabricación de la mayoría de sus productos en países como India, China, Bangladesh, Vietnam y Turquía. Cuenta con un **código de conducta** para que se cumplan y garanticen condiciones laborales dignas a la hora de fabricar los productos y, además, apuesta decididamente por la sostenibilidad ambiental.

Relaciona los tres ejemplos siguientes con alguna de las actividades en materia medioambiental.

1. Apoyan a los agricultores en el cultivo del algodón para que lo hagan de la forma más sostenible al mismo tiempo que intentan mejorar sus condiciones de vida: buenas prácticas de regadío, eficiencia hídrica, gestión y reducción de plaguicidas, etc.
2. Reducen las emisiones de dióxido de carbono con prácticas como la de dotar de sensores infrarrojos a la luz y el aire acondicionado para que funcionen únicamente cuando se requiere y, por ejemplo, cerrar las puertas de las tiendas (salvo la principal) para evitar, así, la pérdida de energía. Otra medida importante es la utilización de iluminación de bajo consumo energético.
3. Reducir el impacto ambiental reciclando prendas y artículos textiles no deseados, con objeto de reutilizarlos y reducir los residuos enviados al vertedero.

Solución

1. Los programas de ayuda en el cultivo de algodón están relacionados con la gestión adecuada del agua, de plagas y del suelo. Por tanto, corresponderían con las áreas de eficiencia energética y agua y control de vertidos.
2. Emisiones a la atmósfera y eficiencia energética.
3. Medidas que responden a la gestión de residuos y control de vertidos.

GLOSARIO

Código de conducta: Conjunto de principios que la empresa se compromete a cumplir de forma unilateral y que, generalmente, también se aplican a sus proveedores, subcontratistas y terceros con los que se relaciona.

2.1.3. La seguridad y la salud laboral

Al trabajo se va a trabajar, no a sufrir accidentes. Hay que acabar con la idea de que el trabajo produce daño, y que el daño está asociado al trabajo. La **dimensión social** de la responsabilidad social corporativa también tiene mucho que decir respecto de **que las personas trabajen de forma segura**.

Ejemplo. Buenas prácticas en seguridad y salud laboral

- Jangarria es una empresa navarra de alimentación que ofrece yoga a su personal.
- Acme, empresa de construcción, recurrió a un monitor para que formara a su personal en ejercicios de estiramiento y calentamiento antes de iniciar el trabajo.
- Microsoft Ibérica no tiene horarios de trabajo, permitiendo el trabajo desde casa y reduciendo factores de presión laboral que pueden conducir al estrés.
- Liebherr Pamplona permite que el personal acumule horas a partir de las 16:30 con objeto de que las compensen en otro momento.
- Sanitas prohíbe convocar reuniones después de la una y media de la tarde para garantizar la conciliación laboral y familiar y mejorar la salud social de su personal.

Observa los ejemplos de la tabla siguiente:

ACTUACIONES EN EL ÁMBITO DE LA SEGURIDAD Y LA SALUD LABORAL	
ÁREAS DE ACTUACIÓN	**EJEMPLOS DE MEDIDAS**
Cultura de prevención.	Concienciar y sensibilizar al personal de la importancia de realizar sus tareas en condiciones de seguridad (observando las medidas de prevención, utilizando los equipos de protección individuales de forma adecuada…). Esta cultura de «accidentes cero» puede ir acompañada de medidas como premios al personal por sus ideas para mejorar la salud laboral, incentivos por no haberse producido ningún accidente, formaciones adecuadas sobre cómo realizar un trabajo seguro, sobre estrés, sobre cuidados de la espalda, etc.
Inspecciones y auditorías.	Comprobar periódicamente el estado de las instalaciones, las herramientas, las máquinas e, incluso, la forma de trabajar del personal. Hay que hacer un mantenimiento periódico y auditorías (comprobación de que todo está en condiciones a través de revisiones) más allá de la obligación que establece la legislación.
Programas innovadores.	Sistemas de bonus/malus que incentivan la no accidentabilidad, programas específicos para el personal de prevención de patologías cardiovasculares, secuelas de espalda, programas para ayudar a dejar de fumar, campañas generales de sensibilización en materia de prevención, habilitar tiempos y espacios para el ejercicio físico, programas sobre buena alimentación, yoga, etc.
Códigos de conducta.	Protocolos, normas y buenas prácticas para quienes se encuentran en el interior de la empresa, carteles y paneles informativos sobre los riesgos y cómo prevenir los accidentes, etc.
Condiciones laborales saludables.	Flexibilidad horaria que permita conciliar vida laboral y familiar, reducir el horario de comidas para finalizar antes la jornada laboral, gestionar el tiempo de forma adecuada (por ejemplo: no convocar reuniones a partir de las 13:30 h), ayudas y programas específicos para personas embarazadas (ginecología y atención al parto), utilizar «bolsas de horas» que permitan flexibilizar el horario en función de las necesidades de la persona (acumular horas de trabajo y acabar antes la jornada otro día), etc.

PASA A LA ACCIÓN

¿Cómo es la responsabilidad social corporativa en tu centro educativo?

Infórmate de qué tipo de acciones socialmente responsables se llevan a cabo en el centro educativo. Y después sigue estos pasos:

1. Haz un listado de las medidas de las que hayas obtenido información, bien a través de tus profesores o tras buscar información en el centro educativo: folletos, página web, carteles y notas que veas por las instalaciones…
2. Clasifica cada medida o acción en alguna de las actuaciones de responsabilidad social siguientes: personas, impacto ambiental y seguridad y salud laboral.
3. Si es el caso, haz un listado con aquellas que no logres clasificar por el momento; ya que podrás utilizarlas más adelante.

2.2. La empresa hacia el exterior

La responsabilidad social empresarial incluye el **entorno** en el que se desenvuelve la empresa: las **comunidades locales**, los **clientes** y **proveedores** y las medidas que garanticen cumplir los **derechos humanos** universales.

GLOSARIO

Derechos humanos: Libertades, facultades, instituciones o reivindicaciones a las que se tiene derecho por el simple hecho de nacer y sin distinción alguna de nacionalidad, lugar de residencia, sexo, origen nacional o étnico, color, religión, lengua o cualquier otra condición.

Ejemplo. Proyectos sociales

La Fundación Vodafone destina dinero para diferentes proyectos sociales. En 2013, por ejemplo, decidió utilizar un total de 240.000 euros para iniciativas como:

- El programa para difundir la cultura de acogimiento familiar de la asociación Familias de Acogida de Madrid.
- La plataforma digital de recursos informativos y colaborativos impulsada por la Federación Española de Enfermedades Raras (FEDER) en Sevilla.
- La iniciativa de ofrecer herramientas a las familias de chicos que padezcan trastorno de espectro autista de la Asociación para la Atención de Personas con Autismo y otros Trastornos de Murcia (ASTRADE).
- El proyecto de elaboración de tableros de comunicación interactivos con medios tecnológicos (*tablets,* ordenadores o dispositivos móviles) de la Asociación ADEPSI en Las Palmas de Gran Canaria, con objeto de formar a sus usuarios en el uso de sistemas alternativos de comunicación.

EMPRENDEDORES

«Emprender no es ni una ciencia ni un arte. Es una práctica».

Peter Drucker

2.2.1. Las comunidades locales

En este nivel destacan las acciones que generan beneficios para el **entorno local** donde está ubicada la empresa.

ACTUACIONES EN EL ÁMBITO LOCAL	
ÁREAS DE ACTUACIÓN	**EJEMPLOS DE MEDIDAS**
Educación.	Prácticas laborales con centros educativos para favorecer la integración de jóvenes o colectivos en el mercado laboral o participar, por ejemplo, en actividades de formación, información o sensibilización sobre temas de interés social: alimentación, seguridad vial, orientación, ayuda a víctimas de violencia de género, etc. Donar bienes a escuelas (ordenadores, mobiliario, materiales…).
Ambiental.	Evitar residuos fuera de la empresa y molestias como olores y ruidos, campañas de marketing para que clientes y proveedores participen en causas sociales, ambientales, etc.
Actividades para la comunidad.	Participar con la comunidad local en actividades organizadas de captación de fondos para causas sociales, recogida de alimentos, actividades deportivas y culturales, obras benéficas, patrocinios, etc.
Atención a personas con riesgo de exclusión.	Reservar puestos de trabajo para colectivos desfavorecidos, realizar compras justas o solidarias (comercio justo), etc.
Accesibilidad.	Adaptar instalaciones para personas con movilidad reducida: rampas, accesos, servicios.

SABER HACER

SER RESPONSABLES CON NUESTROS CLIENTES

Lee los seis titulares de prensa siguientes e identifica cada uno con alguna actuación de responsabilidad social corporativa.

«McDonald's impulsa en España la lectura infantil en familia a través de una plataforma de libros digitales gratuitos».
Fuente: europapress.es (2 de agosto de 2013)

«Movistar patrocina una expedición al Muztagh Ata (China), con la participación de dos personas con discapacidad visual».
Fuente: europapress.es (2 de agosto de 2013)

«Zurich Seguros cede la dotación económica de un premio a la Fundación Theodora para apoyar a niños hospitalizados».
Fuente: europapress.es (1 de agosto de 2013)

«Bayer dona 30 bicicletas tándem a la fundación Ojos del Mundo para que las personas con ceguera practiquen deporte».
Fuente: europapress.es (31 de julio de 2013)

«Correos colaborará con los bancos de alimentos de toda España».
Fuente: europapress.es (31 de julio de 2013)

«Six Senses Hotels elabora un código de conducta para la observación de delfines en su hotel de Maldivas».
Fuente: europapress.es (23 de julio de 2013)

Solución

El impulso de la lectura infantil por parte de McDonald's tiene que ver con la participación en actividades culturales para la comunidad, al igual que sucede con la expedición de Movistar o las bicicletas de Bayer. Los ejemplos de Zurich Seguros y Correos son de captación de fondos para causas sociales y de recogida de alimentos, respectivamente. Y el código de conducta de Six Senses es un ejemplo de actuación ambiental de sensibilización para los clientes.

2.2.2. Los clientes y proveedores

Los clientes son cada vez más sensibles ecológica y socialmente. Toda empresa que trabaja con proveedores (quienes le proporcionan recursos y materiales) debe garantizar que los productos o servicios son de calidad, cuidando también la **reputación de la empresa**.

Ejemplo. Normas para proveedores

Cruz Roja

La institución de la Cruz Roja, como defensora de los derechos humanos y el medio ambiente, tiene unos requisitos muy específicos para aquellos proveedores con los que trabaja: quienes ofrezcan servicios a Cruz Roja tienen que presentarse a un concurso público y cumplir con todas las obligaciones legales ambientales y laborales.

NH Hoteles tiene un código de conducta que deben cumplir sus proveedores para garantizar la calidad y certificar que trabajan con valores éticos.

NH HOTELS

SABER MÁS

Cuando hablamos de emplear **valores éticos**, estamos refiriéndonos a no explotar a personas en el trabajo ni emplear, por ejemplo, mano de obra infantil.

ACTUACIONES EN EL ÁMBITO DE LOS CLIENTES Y DE LOS PROVEEDORES	
ÁREAS DE ACTUACIÓN	**EJEMPLOS DE MEDIDAS**
Proveedores.	• Trabajar con proveedores que mantengan valores éticos. • Acortar plazos de cobros y pagos, facilitando la relación y agilizando el trabajo. • Tener certificaciones de calidad ambientales (normas ISO), que garantizan cumplir la legislación. • Asociarse con los proveedores para colaborar, por ejemplo, a la hora de innovar o ser más eficientes. • Definir códigos de conducta para garantizar que se trabaja con valores éticos.
Clientes.	• Conocer adecuadamente sus necesidades, midiendo su satisfacción y prestándole servicio incluso después de la compra (posventa). • Informar al cliente de forma clara y transparente. • Destinar parte del beneficio a I+D+i para mejorar el producto o servicio de cara al cliente. • Asegurar prácticas éticas en la comercialización y publicidad de la empresa. • Sensibilizar medioambientalmente al cliente en la venta y en la posventa.

ACTIVIDADES

2 Indica razones por las que un emprendedor debe tener en cuenta la responsabilidad social a la hora de poner en marcha un negocio.

3 Cumplimenta la tabla siguiente relacionando cada ejemplo con alguno de los ámbitos de la responsabilidad social corporativa:

EJEMPLO	ÁMBITO
Conocer la opinión del personal a través de encuestas.	
Realizar deportes y campeonatos de empresa.	
Llevar a cabo campañas de marketing a favor de captar fondos para causas sociales.	
Instalar termostatos frío-calor que mantengan la temperatura en el local de la empresa.	
Reducir diferencias salariales entre hombres y mujeres.	
Mecanismos eficientes de cerramiento de cámaras frigoríficas.	
Donaciones o patrocinios e iniciativas sociales y culturales, medioambientales.	
Programas antitabaco.	
Apoyar a ONG no solo económicamente, sino también con la donación de bienes.	
Campañas de sensibilización en materia de seguridad vial para el personal de la empresa.	
Programas de escuelas de espalda para prevenir daños derivados de malas posturas.	

4 La empresa Toyota exige a sus proveedores que cumplan los requisitos de eliminación de sustancias peligrosas, realicen un transporte y almacenaje seguro y usen envases reciclables. ¿Qué ejemplo de responsabilidad social empresarial es este?

ACTIVIDADES FINALES

ESQUEMA DE CONTENIDOS

1 Copia en tu cuaderno el siguiente esquema de los contenidos de la unidad y completa lo que falta.

LA RESPONSABILIDAD SOCIAL

- **Emprender y sociedad**
  - **Crear empleo**
  - ↓ [ ]
  - ↓ **Generar riqueza y valor**
- **La responsabilidad social de la empresa**
  - **Por dentro**
    - [ ]
    - Impacto ambiental.
    - Seguridad y salud laboral.
  - **Por fuera**
    - Comunidades locales.
    - [ ]

REPASA LO ESENCIAL

2 Cumplimenta en tu cuaderno la tabla siguiente indicando para cada ejemplo el tipo de área de actuación con el que se corresponde (personas, impacto ambiental, seguridad y salud laboral, comunidad local, clientes y proveedores):

	ÁREA DE ACTUACIÓN
Campañas de marketing para que los clientes participen en causas ambientales.	
Utilizar vehículos de empresa o compartir vehículos como medidas de movilidad sostenible.	
Ayudas para comida (cheques restaurante, habilitar lugares en la empresa para comer…).	
Ofrecer y participar en programas de seguridad vial.	
Instalar difusores, temporizadores de presión del agua, limitadores de presión, etc.	
Sensibilizar medioambientalmente al cliente en la venta y en la posventa.	

PRACTICA

3 Las acciones socialmente responsables de una empresa llevan implícitas unos principios éticos. Lee estos cinco:

1. Respeto a la dignidad de la persona; **2.** Empleo digno; **3.** Solidaridad; **4.** Contribución al bien común; **5.** Transparencia.

¿Serías capaz de poner tú cinco principios más? No olvides que una empresa socialmente responsable es aquella que tiene a la ciudadanía como parte de sus propósitos y que, por tanto, basa su actividad en valores y principios éticos.

AMPLÍA

4 El comercio justo y la empresa.

http://comerciojusto.org/publicacion/video-el-comercio-justo-en-6-pasos/

La Coordinadora Estatal de Comercio Justo (CECJ) es una plataforma española que agrupa organizaciones vinculadas al Comercio Justo. Este vídeo de cinco minutos de duración explica de forma sencilla qué es el comercio justo. Después de verlo, indica qué relación existe entre el comercio justo y los principios de la empresa en materia de responsabilidad social.

AUTOEVALÚATE

5 **La sociedad de consumo empuja a hábitos de compra poco favorables para el entorno. ¿Cómo actúas tú? ¿Haces un consumo responsable del agua y la energía? ¿Cómo eliges y compras cuando vas a una tienda?**

Este cuestionario puede servirte para que reflexiones y seas más consciente de tus comportamientos. Hemos estudiado en la unidad la responsabilidad social en la empresa, pero esta forma de actuar comienza por uno mismo. Valora tus hábitos indicando para cada afirmación si «lo haces o no lo haces».

	SÍ	NO
EL AGUA		
1. Me ducho en vez de bañarme para gastar menos agua.		
2. Al lavarme los dientes, utilizo un vaso y no dejo el grifo abierto.		
3. Animo a mis padres y amigos a comprar electrodomésticos de bajo consumo.		
4. En el servicio de casa, utilizo una papelera para arrojar objetos y evitar así tirar nada al retrete que contamine más el agua.		
USO DE LA ENERGÍA		
5. En invierno me abrigo y procuro bajar la temperatura de la calefacción.		
6. Apago las luces al salir de las habitaciones, y la televisión y el ordenador cuando no los utilizo.		
7. Animo a mis padres y amigos a comprar electrodomésticos que tengan etiqueta energética.		
8. Animo a sustituir bombillas por las de bajo consumo.		
9. Utilizo el transporte público siempre que puedo.		
10. Compro pilas recargables.		

	SÍ	NO
LOS RESIDUOS		
11. En casa recogemos los residuos, separando papel, vidrio, envases, pilas y basura orgánica.		
12. Colaboro en casa depositando la basura en el contenedor correspondiente.		
13. Recojo el aceite doméstico en un recipiente para su reciclado.		
14. Entrego la ropa, el calzado y los juguetes viejos que están en buen estado para su reutilización.		
15. Aprovecho el papel por las dos caras.		
16. Evito comprar bolsas de plástico.		
LAS COMPRAS		
17. Llevo bolsas reutilizables para hacer las compras.		
18. Compro lo que necesito, no dejándome llevar por el consumismo.		
19. Me fijo en el precio, la fecha de caducidad y leo la etiqueta de los productos antes de comprarlos.		
20. Busco productos con etiquetas o certificados ecológicos.		
21. Procuro comprar en tiendas de productos de comercio justo.		

Tus respuestas tienen que darte una idea sobre el hábito de consumo que tienes, y deben servirte para que entiendas que puedes aportar tu pequeño grano de arena para cambiar la sociedad y construir un entorno más justo y limpio. Empieza cambiando tus hábitos y así podrás colaborar en llevar a cabo un consumo más consciente y responsable.

Comprender la empresa exige hacerse muchas preguntas para conocer bien todos los elementos que la definen como socialmente responsable.

La técnica SCAMPER

¿Qué es?

Es una técnica de generación de ideas que consiste en responder a una lista de preguntas relacionadas con los conceptos «Sustituir», «Combinar», «Adaptar», «Modificar», «Proponer», «Eliminar» y «Reordenar» (de ahí, SCAMPER).

¿Para qué sirve?

Sirve para generar ideas. Puede utilizarse en combinación con otras técnicas.

Ponlo en práctica...

La aplicación de esta técnica pasa por tres etapas: **establecer el problema o la situación de partida, responder a las preguntas SCAMPER y evaluar las ideas**.

Observa un ejemplo:

1. **Definir el problema.** Imagina que tienes una tienda de ropa. Cada vez hay menos clientes. ¿Qué se puede hacer?
2. **Responder a las preguntas SCAMPER:**

Sustituir: intenta sustituir cosas, lugares, personas, ideas, emociones…	¿Si cambiamos el horario de atención al público? ¿Qué pasaría si sustituimos la música? ¿Puede cambiarse el modo de atender a los clientes?
Combinar: prueba a pensar cómo combinar temas, ideas…	¿Podemos combinar ropa por diferentes gustos de clientes? ¿Si combinamos la venta de ropa con comida?
Adaptar las ideas a otro contexto, a otros tiempos…	¿Qué ocurriría si adaptáramos la tienda para que los niños tengan más espacio? ¿Cómo vendían las tiendas de hace 50 años?
Modificar: transformar lo que se hace, añadir algo.	¿Cómo se puede vender sin que el cliente vaya a la tienda? ¿Cómo podemos coger las medidas de una persona sin verla?
Proponer: se trata de buscar otros usos, de extraer posibilidades ocultas…	¿Qué tipo de personas vienen a la tienda por las mañanas? Los sábados, cuando más ventas hay, ¿dónde está la gente? ¿Podemos utilizar la tienda para otra cosa?
Eliminar: quitar, sustraer partes, conceptos, elementos del problema…	¿Si todas las personas fueran en sillas de ruedas? ¿Qué ocurriría si todos quienes compran tuvieran que venir acompañados de forma obligatoria?
Reordenar: cambia los elementos de lugar, la forma de hacer las cosas…	¿Qué ocurriría si tuviéramos que vender solo por la noche? ¿Qué ocurriría si se pudiera leer en la tienda? ¿Qué sucedería si solo se pudiera comprar los fines de semana?

3. **Evaluar las ideas.** Valora cada idea para usar alguna que puedas poner en práctica.

Propuesta de trabajo:

Utilizando las dos primeras fases de la técnica SCAMPER, busca qué acción socialmente responsable podría hacer un veterinario para tener más animales en su consulta.

AQUÍ Y AHORA

La empresa es...

LA PÁGINA WEB

http://www.nivea.es

LA PERSONA

Oscar Troplowitz

A QUÉ SE DEDICA...

Empresa de productos cosméticos dedicada al cuidado de la piel y del cuerpo.

EL COMIENZO...

Oscar Troplowitz, el químico Isaac Lifschütz y el dermatólogo Paul Gerson Unna crearon la primera crema hidratante de la historia en 1911. Lo que comenzó con fines médicos al descubrir el eucerit, una emulsión desarrollada por Isaac, pasó a comercializarse como Nivea. El nombre surgió del color blanco de la crema y de la combinación de palabras latinas: *nix* ('nieve') y *nivis* ('de la nieve').

AHORA...

Nivea es una marca que se comercializa en todo el mundo. El departamento de I+D ha hecho que esté en constante evolución, lo que ha supuesto mejorar su calidad y su finalidad.

INICIATIVA EMPRENDEDORA...

Nivea tiene clara su responsabilidad ecológica y social. Como grandes objetivos para 2020, pretende que el 50 % de sus ventas sean a través de productos con impacto ambiental reducido, y que se reduzcan sus emisiones de CO_2 en un 30 %. Además, uno de los más importantes compromisos de la empresa a nivel social es su participación con la ONG de apoyo a la infancia Plan Internacional, que vela por la educación de calidad para los niños que viven en la pobreza.

Identifica con qué actuaciones de responsabilidad social corporativa tienen que ver los objetivos de Nivea.

¿Qué tipo de actuación es su participación en la ONG en materia de responsabilidad social corporativa?

HABILIDADES EMPRENDEDORAS...

Oscar Troplowitz es sinónimo de creatividad. En 1901 había creado el primer esparadrapo autoadhesivo del mundo (Leukoplast), que no irritaba la piel debido al óxido de zinc de la masa adhesiva. Pero también introdujo el Citoplast, un esparadrapo adhesivo para la reparación de neumáticos de bicicleta, el primer lápiz para el cuidado de los labios (Labello) y la primera pasta dentífrica (Pabeco). Troplowitz representa un tipo de emprendedor **capaz de descubrir oportunidades en los productos, que ayudan a solucionar problemas de la vida diaria**. Pero más aún, Nivea fue pionera en su forma de anunciarse. En 1925 se le ocurrió poner en los periódicos de Berlín que se buscaban tres chicas Nivea: «No buscamos grandes bellezas, o mujeres despampanantes. Únicamente chicas que tengan una belleza sencilla y natural».

¿Qué tipo de habilidades emprendedoras identificas?

6 Plan para emprender

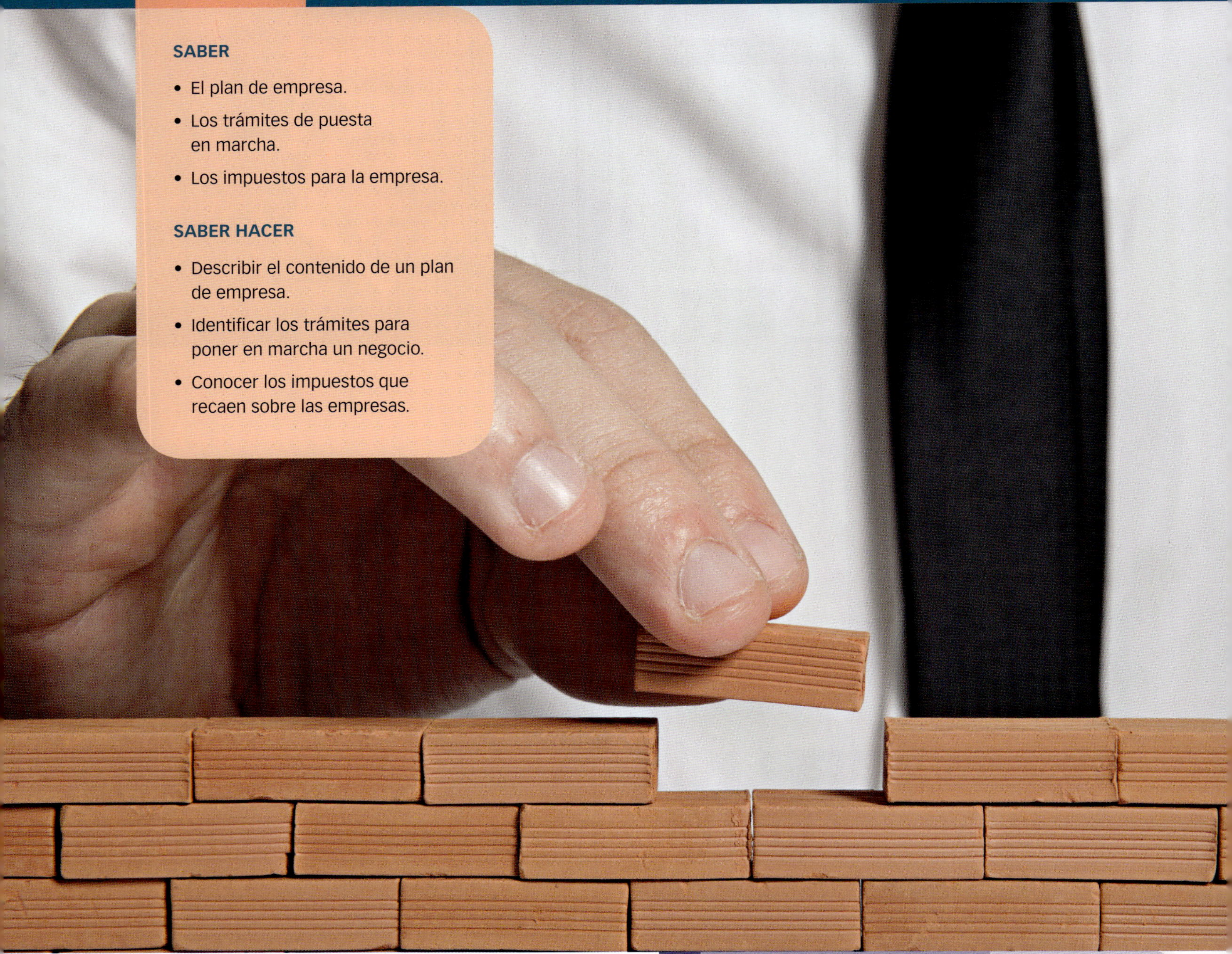

SABER

- El plan de empresa.
- Los trámites de puesta en marcha.
- Los impuestos para la empresa.

SABER HACER

- Describir el contenido de un plan de empresa.
- Identificar los trámites para poner en marcha un negocio.
- Conocer los impuestos que recaen sobre las empresas.

El propósito final del emprendimiento es concretar la idea en un producto o servicio y, así, **crear una empresa**. Para ello es necesario comprobar si la idea tendrá o no éxito. Hay que elaborar un **plan de empresa**.

? NOS HACEMOS PREGUNTAS

- ¿Qué es un plan de empresa?
- ¿Qué apartados tiene el plan de empresa?
- ¿Hay algún trámite que debas realizar para poner en marcha el negocio?
- ¿Cuáles son los impuestos que hay que tener en cuenta?

1 El plan de empresa

La base para emprender está puesta: una idea. Pero ¿es buena? ¿Se puede llevar a cabo? Todo emprendedor tiene que **comprobar si es capaz de hacer negocio** antes de dar el salto y crear su empresa. Y para lograr este objetivo, es necesario elaborar un plan.

El **plan de empresa** es el documento que analiza si existe o no una oportunidad de negocio tras la idea y, de esta manera, sirve para examinarla y detectar si es o no viable.

A la hora de emprender, la **responsabilidad** y la **planificación** son fundamentales si se quiere garantizar el éxito.

Se debe tener en cuenta que los clientes tienen sus propios gustos y necesidades, y que compran en función de unos hábitos. Hay, además, empresas que nos harán la competencia y gastos a los que hacer frente. Se hace necesario, por tanto, **tener un plan**.

PASA A LA ACCIÓN

Cómo te planificas para estudiar

Piensa cómo has planificado el estudio de las asignaturas durante el curso. Te damos alguna pista:

- ¿Haces los trabajos a última hora? ¿Los terminas fuera de plazo?
- ¿Entregas los trabajos fuera de plazo porque se te olvida?
- ¿Haces las actividades y ejercicios que te mandan para casa? ¿Los dejas a medias? ¿No los haces?
- ¿Eres de los que pides hacer exámenes más tarde de la fecha indicada porque no te da tiempo a prepararte?
- ¿Llegas cansado a clase porque no duermes lo suficiente? ¿Te quita tiempo la televisión, la música, Internet o alguna actividad extraescolar?
- ¿Pasas los apuntes a limpio?
- ¿Estudias en el último momento para los exámenes, dándote el atracón la noche anterior?

No son preguntas para responder con un «sí» o un «no». Si eres totalmente sincero contigo mismo, habrá situaciones en las que estarás más de acuerdo si indicas un «a veces», un «siempre» o un «nunca».

También puede ser que haya preguntas con las que puedes verte reflejado con cierta frecuencia, pero no como para responder «siempre».

De lo que se trata es de que seas consciente de tu rendimiento, de si es adecuado con respecto a las notas que estás obteniendo desde la primera evaluación.

Y, además, de que te des cuenta de que quien no se organiza no tiene tiempo para hacer todo lo que quiere. Y de hacerlo, lo más probable es que le salga mal.

Observa que esto puede ocurrir con algo que tú controlas de principio a fin: tú te planificas, te organizas y estudias de forma responsable o no.

CLAVES PARA EMPRENDER

Emprender es pasar el proyecto que tienes en mente a la realidad. Por tanto, hay que empezar a pensar si es o no un **negocio viable.**

Ejemplo. El fracaso lleva al éxito

Kathryn Minshew dejó en 2010 su trabajo para crear Pretty Young Professionals (PYP), una red en Internet para mujeres. Sin embargo, los desacuerdos con otras de sus socias sobre cómo dirigir la empresa hicieron que terminara dejando el proyecto.

Un año después lanzó el sitio web The Daily Muse (ahora llamado The Muse), con más de 2 millones de usuarios y acuerdos de colaboración con empresas reconocidas como Twitter, Sephora o Pinterest.

Emprender tiene que ver con tenacidad, con riesgo e iniciativa. Hay que echar a andar, pero siempre sin descuidar cómo se van a dar los pasos y con quién. La planificación es necesaria. Hay que conocer a los clientes, el mercado al que nos dirigimos, si es rentable invertir, qué beneficios se van a obtener, etc.

GLOSARIO

Promoción: Modo en que la empresa transmite las cualidades del producto o del servicio a sus clientes y a la sociedad en general. También se llama publicidad.

Organigrama: Representación gráfica de la estructura de la empresa (funciones, áreas de la empresa y sus relaciones).

1.1. La estructura del plan de empresa

La planificación de la creación y la puesta en marcha de una empresa exigen **analizar y describir una serie de apartados**. Observa la tabla.

ESTRUCTURA BÁSICA DEL PLAN DE EMPRESA	
APARTADO	**DESCRIPCIÓN**
La presentación y la actividad. 	• **Objetivos** que se persiguen con el proyecto. • **Resumen de la actividad** de la empresa. • Presentación de los **promotores** y su currículum. • Descripción detallada del **producto o servicio**. • Indicación del **mercado**. • Descripción de la utilidad o de las **necesidades que cubre el producto o servicio**.
El mercado. 	• **Análisis del mercado** al que se dirige el producto o servicio. • **Competencia**. • **Previsiones** de cómo evolucionará el mercado: debilidades, amenazas, fortalezas y oportunidades del mercado.
La comercialización. 	• **Características** del producto o servicio. • **Precio**. • **Promoción del producto**. • Previsión de ventas.
La producción. 	• Descripción del **proceso de elaboración** del producto o las fases para vender un servicio. • Indicación de los **recursos** necesarios: personas, materiales, herramientas, máquinas, etc.
La localización. 	• Descripción de la decisión tomada sobre el **lugar** donde se ubicará la empresa y las razones. • Indicación de las **infraestructuras** de la zona y posibilidades de **comunicación**.
Las personas. 	• Elaboración del **organigrama** de la empresa. • Descripción de los **puestos de trabajo** que se necesitan, qué funciones y qué responsabilidades tienen las personas que los ocuparán.
La financiación. 	• Indicación de la **cantidad que es necesario** invertir para comenzar el negocio. • Descripción de las **fuentes de financiación**: dinero propio, subvenciones, ayudas... • Análisis de la **viabilidad** del proyecto.
La forma jurídica. 	• Qué tipo de empresa se va a crear: una empresa individual o una sociedad.

EMPRENDEDORES

«No puedo dejar de trabajar, tendré toda una eternidad para descansar».

Madre Teresa de Calcuta

1.1.1. La presentación y la actividad

La idea de negocio es una solución que debe **satisfacer las necesidades de las personas y crear valor.** Observa la figura 6.1.

Idea de negocio

¿Qué necesidades se satisfacen?	¿Cómo se satisfacen las necesidades?	¿Cómo se genera valor y beneficio?

Figura 6.1 Preguntas para describir la idea de negocio.

La descripción de la actividad en el plan de empresa tiene que servir para identificar a qué tipo de **mercado** se dirige el emprendedor, la **actividad** que va a desarrollar y si el producto o servicio será **útil** y dará **beneficios**.

En el plan de empresa, hay que describir la idea de forma **clara** y **concisa**, pero haciendo referencia al objetivo que se persigue, sus **características** y quiénes son los **promotores**.

SABER MÁS

El **plan de empresa** es un documento que sirve para presentar el proyecto a terceras personas: a entidades bancarias para solicitar un préstamo, a personas que pueden ayudar invirtiendo dinero en el negocio, etc.

PAUTAS PARA DESCRIBIR LA IDEA	
CONTENIDO	**DESCRIPCIÓN**
La idea.	Resumir en un par de frases cortas y claras en qué consiste el negocio.
¿Por qué?	Describir las razones que llevan a poner en marcha la idea: qué necesidad cubre el producto o servicio.
Promotores.	Describir a la persona o personas que tuvieron la idea y que la llevarán a la práctica. Experiencia con la que se cuenta, conocimientos que aportan al proyecto para que salga bien.

SABER HACER

DESCRIBIR LA IDEA DE NEGOCIO

Marta quiere abrir una tienda en Internet para vender zapatos a bajo precio después de haber estado cinco años trabajando en una tienda de ropa y dos en una zapatería. Pretende, además, crear un club privado para que quienes se suscriban puedan beneficiarse de descuentos. Marta ha buscado en la Red para hacerse una idea de cuántas tiendas *on-line* hay, y sabe que existe competencia, pero piensa que su club es un valor añadido. Además, ha estado estudiando marketing e Internet, así que tiene conocimientos para hacerlo. Llamará a la tienda Zapared.

Describe la idea de Marta.

Solución

- La idea: venta *on-line* de zapatos a bajo precio, ofreciendo descuentos a los miembros que formen parte del club privado.
- ¿Por qué?: es un negocio tradicional que está creciendo en la Red y en el que existe un gran mercado que busca calidad al menor precio posible. El valor añadido de Zapared son los descuentos y el club privado de compras, que permite hacer pedidos a precio de fábrica cumpliendo una serie de requisitos. La idea surge analizando las tiendas existentes en Internet, y tomando como referencia la idea del club privado que hay en otros sectores.
- Promotora: Marta, con cinco años de experiencia en una tienda de ropa y dos en una zapatería. Además, con conocimientos de marketing e Internet adquiridos a través de diferentes cursos de formación que ha realizado compaginándolos con el trabajo.

ACTIVIDADES

1 Indica cuál es el objetivo último del plan de empresa.

2 Explica qué diferencia crees que hay entre idea e idea de negocio.

SABER MÁS

Según el tipo de comprador, podemos clasificar el mercado en:

- **Mercado de consumo** (entre personas).
- **Mercado industrial** (entre empresas).
- **Mercado institucional** (entre organismos e instituciones).

ACTIVIDADES

3 Partiendo del ejemplo de los *smartphones*, ¿cuál es la cuota de mercado de Microsoft?

1.1.2. El mercado

El emprendedor debe buscar un **hueco en el mercado** para sus productos o servicios, donde pueda satisfacer las necesidades de las personas. Esto implica que conozca bien cuánto se vende, cuándo, con quién se compite y, por ejemplo, qué factores determinan la compra.

Asimismo, debe conocer la **cuota de mercado** (los compradores que consumen los productos o servicios de la empresa con respecto del total de compradores de esos productos o servicios). Y esto se calcula dividiendo el total de ventas de la empresa entre el total de ventas del mercado, expresándolo en porcentaje.

Ejemplo. La venta de *smartphones*

En tres meses se venden en el mundo casi un total de 170 millones de *smartphones*.

Para determinar la cuota de mercado de Android (el tamaño de mercado al que llega), hay que ver cuánto vende (122.480,0) y el total de ventas del mercado (169.178,6):

Cuota de mercado = (ventas de la empresa / total de mercado) × 100

Cuota de mercado = (122.480,0 /169.178,6) × 100 = 72,40 %

La **cuota de mercado de Android** es del 72,40 %.

SISTEMA OPERATIVO	UNIDADES VENDIDAS
Android	122.480,0
iOS	23.550,3
Research In Motion	8.946,8
Bada	5.054,7
Symbian	4.404,9
Microsoft	4.058,2
Otros	683,7
Total	169.178,6

La tabla siguiente te indica qué aspectos hay que analizar en cualquier estudio de mercado.

CONTENIDO DEL ESTUDIO DE MERCADO		
ASPECTO	**DESCRIPCIÓN**	**EJEMPLO**
 Dimensión.	Tamaño del mercado al que se dirige.	El tamaño del mercado para los coches híbridos y eléctricos es de un 1,2 %. Esto ya nos indica que las ventas de este tipo de coche son muy pequeñas y que podría haber oportunidades.
 Comportamiento del consumidor.	Conocer qué factores influyen en la decisión de comprar.	El estilo de vida, tener o no empleo, la moda o, por ejemplo, los deseos de cada persona a la hora de comprar.
 Competencia. 	Averiguar quiénes son la competencia, su tamaño y cuánto venden o qué capacidad tienen para innovar.	Así como hay leones que luchan en el mismo espacio por el alimento, hay empresas que también venden en el mismo espacio: entidades bancarias diferentes, comercios de alimentación (Mercadona, Carrefour...), etc.

1.1.3. La comercialización

La comercialización hace referencia **a la forma en que se va a vender el producto o servicio**, lo que requiere incidir en las cuatro variables que presenta la figura 6.2.

> **CLAVES PARA EMPRENDER**
>
> No se puede llevar a cabo una estrategia de comercialización adecuada sin antes **analizar el mercado** y los gustos y comportamientos del consumidor.

Producto

Cuáles son las características del producto o del servicio que harán que sea comprado.

Precio

A qué precio se vende. Cómo se decide qué precio fijar.

Distribución

A través de qué canales haremos que llegue el producto o servicio al cliente: reparto a domicilio, por Internet, en tienda, etc.

Publicidad

Qué se va a hacer para informar a los clientes del producto o servicio: acciones publicitarias. Y estrategias para llamar la atención como «llévate 3 productos por el valor de 2».

Figura 6.2 Las cuatro variables del marketing.

En la tabla siguiente analizamos cada una de estas variables.

VARIABLES DEL MARKETING		
VARIABLE	**DEFINICIÓN**	**DESCRIPCIÓN**
Producto.	Producto o servicio, o combinación de estos, que aporta un valor al consumidor satisfaciendo sus **necesidades**.	Productos para el consumidor (coche, vivienda...), para empresas que los utilizan en la elaboración de otros productos (materias primas), productos de primera necesidad (pan, agua, leche...), productos perecederos (fruta, pescado...) o, por ejemplo, duraderos (electrodomésticos).
Precio.	**Valor monetario** del producto o servicio que se ofrece al mercado.	El criterio general para fijar el precio es tener en cuenta **cuánto nos cuesta** producirlo y qué precio fija **la competencia**.
Distribución.	Poner a disposición del consumidor su producto o servicio en la **cantidad necesaria** y en el **lugar adecuado**.	Dar la máxima cobertura a través de muchos **puntos de venta**, elegir puntos de venta concretos para distribuir el producto o, por ejemplo, fijar un único punto de venta para tener mayor control sobre el producto.
Publicidad.	Acciones destinadas a **dar a conocer** el producto o servicio con el fin de estimular su compra.	Venta directa cara a cara, publicidad en televisión o Internet, participación en ferias, telemarketing, etc.

ACTIVIDADES

4 Explica las cuatro variables del marketing poniendo un ejemplo para cada una de ellas.

5 Pon un ejemplo para cada tipo de distribución.

6 Enumera cinco formas diferentes de hacer publicidad de un producto o servicio.

1.1.4. La producción

Toda empresa que elabora un producto u ofrece un servicio en el mercado necesita diferentes **recursos productivos**: materias primas, esto es, elementos extraídos de la naturaleza (agua, hierro, cacao, trigo...), materiales diversos (tornillos, pintura, cerámica, papel...), recursos materiales (equipos, máquinas, herramientas, local...) y, sin duda, personas.

El emprendedor tiene que describir claramente en el plan de empresa **qué recursos utiliza y cómo** los emplea para elaborar su producto, o cómo va a ofrecer el servicio que vende.

Ejemplo. Proceso de producción del chocolate

El proceso productivo básico del chocolate requiere materias primas, recursos materiales y personas.

Cultivar el cacao para su posterior recolección → Separar impurezas (piedras, habas, ramitas, cuerdas...)

↓ Tostado, descascarillado, molido, refinado y temperado

→ Tren de moldeo

↓ Desmoldeo → Empaquetar y almacenar → Hacer llegar el producto al consumidor

En cuanto a las formas de producción, distinguimos básicamente las tres que se describen en la figura 6.3.

PRODUCCIÓN EN LÍNEA

Consiste en realizar una serie ordenada de operaciones (en cadena): ensamblado de coches, cocinas, muebles...

PRODUCCIÓN EN LOTE

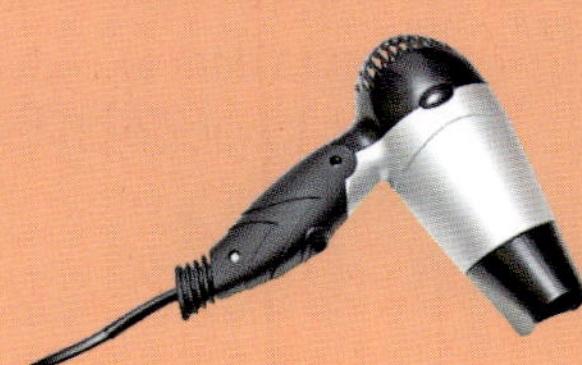

Se trata de producir un componente determinado antes de continuar con el siguiente paso: peluquerías, industria farmacéutica, panaderías...

PRODUCCIÓN BAJO PEDIDO

Producir cuando lo pide el cliente y según sus especificaciones: diseño y construcción de un barco, los coches, diseñar una página web...

Figura 6.3 Tipos de procesos de producción.

SABER HACER

ORGANIZAR LA PRODUCCIÓN

Cortes, S.A., es una empresa dedicada al diseño y confección de trajes para emprendedores que abrió sus puertas hace tres años en Guadalajara. Desde entonces, dispone de una fábrica y una tienda *on-line*. La empresa, creada por Jorge, está especializada en confeccionar trajes a medida. Su hermana Lucía, sin embargo, abrió una fábrica de pinturas a la que llamó Colores, S.A. Esta emprendedora también tiene su empresa en Guadalajara.

Identifica el tipo de proceso de producción de Cortes, S.A., y de Colores, S.A.

Solución

Cortes, S.A., basa su proceso de elaboración de trajes en la confección a medida, con lo que inicia el trabajo después del pedido que hace el cliente. Se trataría de un proceso de producción bajo pedido. Sin embargo, Colores, S.A., fabrica los diferentes colores de las pinturas siguiendo un proceso de producción por lotes. Por ejemplo, utilizando la denominada técnica de la tirada de color: obtiene primero el color más claro para ir añadiendo poco a poco colores más oscuros hasta llegar a alcanzar el negro. Al finalizar, debe comenzar otra vez reconfigurando la máquina entre cada lote. Pero en el color blanco no sucede igual. Es el único en el que no se utiliza la tirada de color porque un pequeño pigmento blanco puede afectar a los colores medios.

CLAVES PARA EMPRENDER

Elegir el lugar donde situar la empresa implica tener claro:

1. **La zona** geográfica que se escoge y las razones de la elección.
2. **Los terrenos, los edificios y las instalaciones** que se necesitan.

ACTIVIDADES

7 Pon tres ejemplos de los diferentes tipos de recursos que se emplean en un proceso productivo.

8 Explica la diferencia existente entre la producción en lote y la producción bajo pedido.

1.1.5. La localización

Hay que describir claramente las razones por las que se decide **ubicar la empresa** en una zona geográfica determinada. La figura 6.4 indica los factores clave que influyen en esta decisión:

DISPONIBILIDAD DE MATERIAS PRIMAS Y ENVASES

- Distancia a las fuentes de abastecimiento.
- Tipo de distribución (coste).

LOS SUMINISTROS DE LA EMPRESA

- Energía y combustibles: fuentes de abastecimiento, distancia, reservas existentes y coste.
- Agua: calidad, cantidad, coste, existencia de tanques de almacenamiento en su caso.

INFRAESTRUCTURA EXISTENTE

- Vivienda.
- Energía.
- Transporte.
- Alcantarillado.

MANO DE OBRA EN LA ZONA

GEOGRAFÍA DE LA ZONA

- Temperatura.
- Humedad.
- Lluvias.
- Topografía.

Figura 6.4 Factores determinantes para decidir la localización de la empresa.

EMPRENDEDORES

«Si de todas formas vas a tener que pensar, piensa en grande».

Donald Trump

GLOSARIO

Funciones: Tareas que les corresponde realizar a las personas de la empresa.

Tareas: Trabajo concreto que debe realizarse en un tiempo determinado.

PASA A LA ACCIÓN

La tienda de abajo

Piensa en una tienda, un comercio o una empresa que conozcas. Descríbela en tu cuaderno indicando cuál es y a qué se dedica. Después, responde a estas preguntas:

1. ¿Tiene cerca empresas que se dediquen a lo mismo?
2. ¿Quiénes son sus competidores cercanos?
3. ¿Hay transporte público?
4. ¿Es fácil aparcar? ¿Hay lugares indicados para ello?
5. ¿Es fácil encontrar el lugar y acceder a él?
6. ¿Hay tráfico? ¿Es una zona transitada?
7. El clima de la zona donde está la empresa ¿influye para que los clientes vayan a comprar?
8. ¿La zona cuenta con buenos sistemas de recogida de basura, con alcantarillado?
9. ¿Es una zona que puede presentar problemas de electricidad, gas o agua?

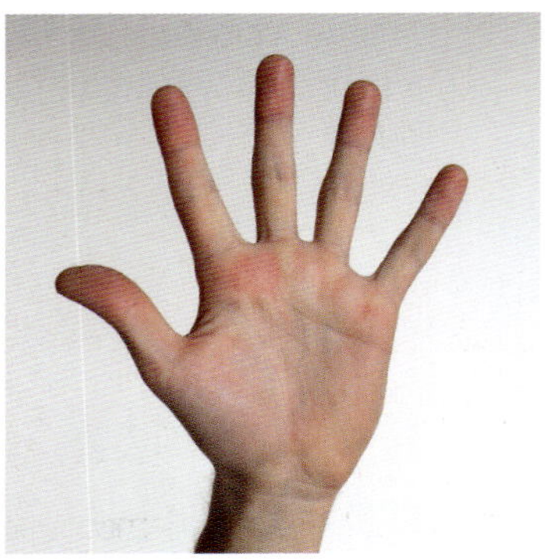

1.1.6. Las personas

Asimismo, hay que añadir una parte del plan de empresa donde se describa qué **funciones y tareas** se tienen que llevar a cabo en la empresa y donde se defina un **organigrama**.

Ejemplo. Funciones y tareas

En la empresa, una de las funciones es la de Personal, que conlleva tareas como las siguientes: seleccionar y contratar a las personas que van a trabajar, decidir qué formación se les va a dar o, por ejemplo, encargarse del pago de los salarios.

Ejemplo. El hostal Cercas

Cercas es un hostal que cuenta con un recepcionista, dos personas en mantenimiento y las personas que trabajan en su restaurante:

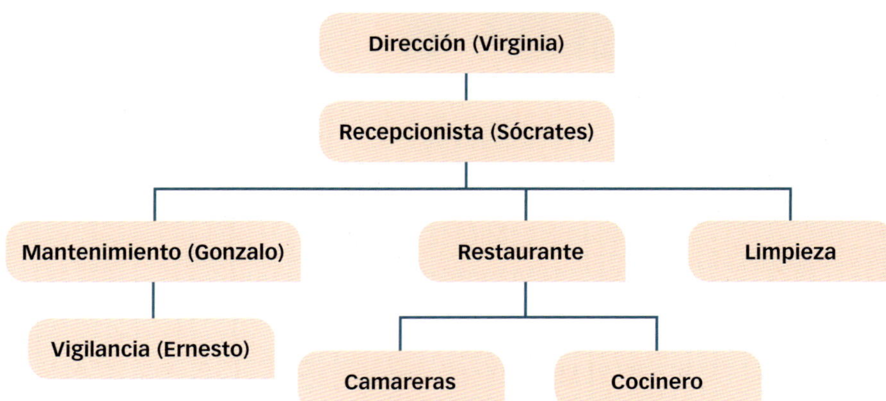

ACTIVIDADES

9 Imagina que quieres abrir una frutería en el centro de tu ciudad. Indica todos los factores que tendrías en cuenta para tomar la decisión.

10 Describe las funciones y tareas principales del delegado de clase.

1.1.7. La financiación

Poner en marcha la empresa requiere contar con **recursos económicos**. Para ello, el emprendedor puede disponer de su propio dinero **(recursos propios)**, o tener que acudir al exterior: **recursos ajenos**. En el plan de empresa hay que describir **qué se necesita y de dónde se va a obtener**.

EJEMPLO. Animales exóticos

Animals es el nombre de la empresa que quiere crear Bladi, dedicada a la venta de mascotas y animales exóticos. Para el local, ha tenido que pedir dinero al banco, cantidad que tendrá que devolver en unos años. Esto sería un caso de **recursos ajenos.** Sin embargo, también tiene que adquirir un acuario de agua caliente. Para ello, ha encontrado un proveedor que le permite pagar en un plazo de 60 días. Este margen le facilita pagar con el dinero que vaya obteniendo por las ventas de su tienda; es decir, que son **recursos propios** desde el momento en que es una cantidad a la que hará frente sin necesidad de que se la dé un tercero. Es un dinero suyo que no tiene que devolver.

Además de la financiación, también hay que analizar si lo que se hace es **rentable** y, por ejemplo, el plazo de **recuperación del dinero que se invierte**; es decir, cuánto tiempo llevará recuperar, al menos, el dinero que se haya invertido. Para esto, es necesario tener en cuenta todos los **ingresos que da la actividad hasta que la cantidad iguala la inversión realizada**.

SABER MÁS

Entre los **recursos propios** podemos destacar el dinero que se aporta al principio para crear la empresa (capital social), el dinero que se va obteniendo de la actividad o las aportaciones que puedan dar otras personas para apoyar la empresa.

Son **recursos ajenos** las ayudas, subvenciones o, por ejemplo, los préstamos de un banco.

GLOSARIO

Rentable: Empresa que produce beneficio y utilidad.

SABER HACER

RECUPERAR LA INVERSIÓN

Peritex imprime los periódicos de un pequeño diario de Plasencia. Ahora, necesita una prensa rotativa de segunda mano que le permita sacar adelante su trabajo. En Internet ha visto una que cuesta 55.000 euros y sabe, por el número de periódicos que vende al año, que le generaría 20.000 euros de ingresos al año.

¿Cuánto tiempo tardará Peritex en recuperar la inversión?

Solución

El importe de la compra, los 55.000 euros, es la inversión inicial que tiene que hacer Peritex. Sabiendo que la estimación que realiza es de 20.000 euros al año, tendríamos que dividir la inversión entre lo que espera ganar: 55.000 / 20.000 = 2,75 años.

Por tanto, en el tercer año ya tendría recuperada la inversión de la compra de la máquina, siempre y cuando no se haya estropeado y los ingresos sean los esperados.

1.1.8. La forma jurídica

Toda empresa tiene que **identificarse** legalmente ante las administraciones públicas y ante las personas. El emprendedor, como persona, tiene **personalidad física**, y se identifica con su propio documento nacional de identidad. Pero una sociedad o agrupación de personas que crean una empresa dispone de **personalidad jurídica**: una identidad propia diferente a la de las personas que la forman.

La forma jurídica es la **identificación legal** de la empresa ante todos aquellos con quienes se relaciona.

ACTIVIDADES

11 Explica con tus palabras qué significa recuperar una inversión realizada.

12 ¿Qué diferencia hay entre personalidad física y personalidad jurídica?

13 ¿Cuáles son los dos trámites necesarios para comunicar que se «abre» un negocio?

Existen diferentes tipos de empresas. La elección de uno u otro depende de qué tipo de **actividad** se quiere realizar, del **número de personas** (si hay socios), de la responsabilidad que se tendrá ante las deudas, de la **cantidad de dinero** de que se dispone y del **tipo de impuestos** que se van a pagar.

Ejemplo. Restaurantes

Ernesto tiene un bar en el casco viejo de Granada. Es un empresario individual que creó en solitario el negocio. Ernesto controla todo y tiene él solo la responsabilidad ante los problemas económicos que puedan surgir. Pero Carnes a la Brasa, S.L., es una sociedad limitada, una agrupación de dos hermanos que han abierto un restaurante a medias. Para crear este tipo de empresa, tuvieron que aportar 3.000 euros de capital. Funcionan a medias en todo: gastos e ingresos.

2 Los trámites de puesta en marcha

Poner en marcha una empresa requiere realizar una serie de trámites de tipo administrativo. Este papeleo es necesario para «abrir» las puertas de la empresa. **Ningún negocio se escapa de estos trámites.** En la tabla siguiente te mostramos cuáles son los **trámites más importantes** para que te hagas una idea.

TRÁMITES GENERALES PARA PONER EN MARCHA LA EMPRESA		
LUGAR	**TIPO DE TRÁMITE**	**OBJETO**
Municipal (Ayuntamiento de tu localidad).	Licencia de actividad.	Controlar el buen uso de las actividades y certificar que la empresa no genera un impacto negativo para el medio ambiente.
	Licencia de obras.	Permitir a la empresa ejecutar obras en el local: obras mayores (nueva planta, rehabilitaciones y reformas importantes) o menores.
	Licencia de apertura.	Obtener el permiso para iniciar la actividad empresarial.
	Alta en tasas municipales.	Comunicar que se va a iniciar la actividad para el pago de impuestos que gravan las basuras o tasas por el agua, el gas o la luz.
Agencia Tributaria (Hacienda).	Declaración censal.	Informar de la actividad y solicitar el código de identificación fiscal (identificación para pagar impuestos) y el tipo de impuesto sobre el valor añadido que corresponde dependiendo de la actividad.
Trabajo y Seguridad Social.	**Seguridad Social**	
	Inscripción de la empresa en la Seguridad Social.	Solo si se va a contratar personal.
	Alta en el régimen de la Seguridad Social.	Inscribirse como autónomo o en otros regímenes que correspondan. Los trabajadores tienen que ser dados de alta en el denominado régimen general.
	Delegación Provincial de Trabajo	
	Comunicación de apertura del centro de trabajo.	Si se contratan trabajadores es obligatorio y sirve para que la delegación de Trabajo tenga constancia de la apertura y de la existencia de contrataciones a efectos de que pueda velar por que se cumpla la normativa.

3 Los impuestos para la empresa

Las Administraciones públicas obtienen recursos económicos a través de los impuestos.

Y como cualquier persona, **las empresas también tienen obligaciones**. Observa la figura 6.5.

CLAVES PARA EMPRENDER

Dependiendo del tipo de empresa que se constituye (sociedad o no), se pagan **diferentes impuestos**.

1. Impuesto sobre Actividades Económicas (IAE)

Todas las empresas que ganan más de 1.000.000 de euros al año tienen que pagar este impuesto anual **por el hecho de realizar una actividad económica**.

2. Impuesto sobre el Valor Añadido (IVA)

Es un impuesto indirecto. Es decir, que se aplica **por la compraventa de bienes y servicios en general**.

Así, al comprar, la empresa paga un IVA. Y al vender, cobra un IVA.

3. Impuesto sobre la Renta de las Personas Físicas (IRPF)

Impuesto directo y personal. Esto quiere decir que lo pagan las personas **por haber recibido ingresos**. Y a mayor cantidad de ingresos, mayor cantidad de impuesto se paga.

Lo tienen que pagar tanto una persona que recibe un salario por trabajar en una empresa, como una persona que realiza una actividad (el dueño de un bar, un fontanero, un escritor, un agente de seguros...).

4. Impuesto sobre Sociedades (IS)

Es el impuesto que tienen que **pagar todas las empresas que se han constituido como sociedad** (sociedad anónima, sociedad limitada, cooperativa...).

En general, se aplica un porcentaje del 30 % **sobre los beneficios que tiene la sociedad** a final de año, pero también hay casos de porcentajes menores, un 25 %, si son empresas pequeñas (con beneficios menores a los 300.000 euros).

Figura 6.5. Los impuestos.

EMPRENDEDORES

Puedes acceder al calendario fiscal de la Agencia Tributaria en la dirección: http://www.agenciatributaria.es.

SABER MÁS

El **IVA del 21 %**, el general, se aplica a productos como el tabaco, las bebidas alcohólicas, los cosméticos, las flores o las plantas. El **IVA reducido** (10 %) se aplica en servicios de hostelería, limpieza de vías públicas, entradas a museos, espectáculos deportivos, etc. Y el **superreducido** (4 %), al pan, los libros, los periódicos y revistas, medicamentos para uso humano, etc.

Ejemplo. Cuota de IVA de Anzuelos, S.A.

Anzuelos es una empresa dedicada a la venta de artículos de pesca. En esta ocasión, ha conseguido vender un carrete Evia Vivarelli por 144,99 euros.

A la hora de emitir esta factura de venta, Anzuelos debe tener en cuenta que la base imponible está compuesta por la suma del importe total; es decir, del importe del producto más 6 euros por el gasto de envío:

Importe	Gastos de envío	Base imponible
144,99	6	150,99
IVA	21 %	31,71
	Total	182,70 euros

El cliente pagará la cantidad de 182,70 euros: **de esa cantidad, lo que paga por el IVA es el resultado de aplicar el 21 % sobre la base imponible de 150,99 euros; es decir, un total de 31,71 euros**.

PASA A LA ACCIÓN

Tipos de IVA

Te proponemos unas actividades muy sencillas para hacer cuando vayas de compras o estés navegando por Internet y buscando algo que quieras comprar. El objetivo es que sepas, **como consumidor o comprador**, qué información tiene que estar clara al adquirir algo.

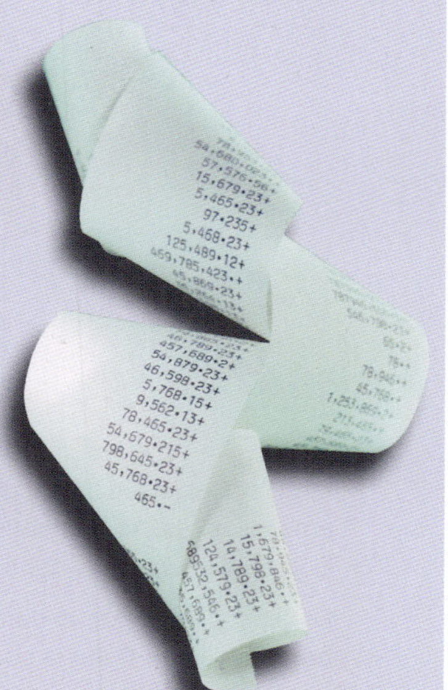

1. Elige 3 productos diferentes (con un tipo de IVA distinto). El precio de los artículos que has escogido ¿lleva el precio completo, incluido el IVA?
2. Coge un tique o factura de alguna compra que hayas hecho y comprueba si aporta esta información:
   - Precio total, con IVA incluido.
   - Datos de la empresa que lo vende (incluido su código de identificación fiscal, CIF).
   - Forma de pago.
   - Descripción del producto adquirido.
   - Datos del comprador y la firma o sello de la empresa (para el caso de la factura).

SABER HACER

CALCULAR EL IVA

Noelia Lévanos tiene una empresa de construcción, Construcciones Noe, S. Coop., en Zaragoza, y necesita hacer un pedido a Lomasbarato, S.A., empresa distribuidora de material de oficina.

Concretamente, lo que Noelia va a pedir es lo que muestra la siguiente tabla:

Código	Descripción	Unidades	Precio/unidad (sin IVA)
A012	Caja para archivador Novoclas Folio (12 unidades)	2	6,87 €
B100	Caja de 100 clips (plat N2 32 MM, 10 unidades)	5	4,42 €
B103	Subcarpeta cartulina folio amarillo (50 unidades)	2	5,39 €

Sabiendo que hay unos gastos de transporte de 7 euros, determina a cuánto asciende la base imponible, a cuánto la cuota de IVA y el total de factura.

Solución

La factura resultante es la siguiente:

LOMASBARATO				
DESCRIPCIÓN				
Código	**Cantidad**	**Descripción**	**Precio unidad**	**Precio total**
A012	2	Caja para archivador Novoclas Folio (12 unidades)	6,87 €	13,74 €
B100	5	Caja de 100 clips (plat N2 32 MM, 10 unidades)	4,42 €	22,10 €
B103	2	Subcarpeta cartulina folio amarillo (50 unidades)	5,39 €	10,78 €
Importe bruto	46,62 €			
Gastos de transporte	7 €			
Base imponible	53,62 €			
Tipo de IVA	21 %			
Cuota de IVA	11,26 €			
Total de factura	**64,88 €**			

SABER MÁS

Las empresas también tienen que hacer frente a una serie de **tasas municipales** por el hecho de llevar a cabo una actividad o prestar un servicio: tasa de basuras, tasas por la utilización de terrazas, alcantarillado, agua, licencia de obra, licencia de apertura…

ESQUEMA DE CONTENIDOS

1 Copia en tu cuaderno el siguiente esquema de los contenidos de la unidad y completa lo que falta.

EL PLAN PARA EMPRENDER

El plan de empresa

La estructura del plan de empresa

- **La presentación y la actividad**
  - La idea
  - [ ]
- **El mercado**
  - [ ]
  - Comportamiento del consumidor
  - Competencia
- **La comercialización**
  - Producto
  - Precio
  - Distribución
  - [ ]
- **La producción**
  - Producción en línea
  - [ ]
  - Producción bajo pedido
- **La localización**
  - Disponibilidad de materias primas y envases
  - Suministros
  - Infraestructura
  - Mano de obra
  - Geografía
- **Las personas**
  - Funciones y tareas
  - [ ]
- **La financiación**
  - Rentabilidad
  - Recuperación de inversiones
- [ ]
  - Identificación legal de la empresa

Los trámites de puesta en marcha

- **La producción**
  - Ayuntamiento
  - [ ]
  - Trabajo y Seguridad Social

Los impuestos

- **IAE** → [ ]
- [ ] → Por compraventa de bienes y servicios
- **IRPF** → [ ]
- **IS** → [ ]

REPASA LO ESENCIAL

2 ¿Cuál es la opción más adecuada en cada caso?

- El objeto de un plan de empresa es:
  a) Valorar si la idea de negocio es innovadora.
  b) Comprobar si la idea de negocio es socialmente responsable.
  c) Comprobar si la idea de negocio es viable.

PRACTICA

3 Echa mano de alguna idea que tengas en mente y descríbela en forma de idea de negocio: en qué consiste, razones y necesidades que cubre y quién o quiénes seríais los promotores.

AMPLÍA

4 Busca qué diferencias hay entre ser empresario individual y crear una sociedad de responsabilidad limitada. Para ello, accede a la página oficial del Centro de Información y Red de Creación de Empresas en http://portal.circe.es/es-ES/emprendedor/Paginas/Emprendedor.aspx.

AUTOEVALÚATE

5 Antes de elaborar el plan de empresa, el emprendedor ya debe contar con una visión amplia de cada uno de los apartados que tiene que describir. De hecho, deberías haber recopilado mucha información al respecto.

Te proponemos once preguntas, que sirven para hacer una evaluación previa de la idea de negocio. El éxito de este análisis depende de lo objetivo que se sea a la hora de responder. También te puede ayudar a contar con una perspectiva global de los aspectos más importantes que hacen que una idea pase a convertirse en una idea de negocio. Al final, una vez que ya hayas respondido en tu cuaderno, te damos consejos para cada una, con objeto de que reflexiones sobre tus respuestas.

	Pregunta	SÍ	NO
1	¿Tienes clara la idea de negocio? ¿Eres capaz de redactarla de forma simple y clara?		
2	La información que cuentas sobre tu idea ¿es actual?		
3	¿Conoces bien cuál es el tamaño del mercado al que te diriges?		
4	¿Es un mercado atractivo en el que puedes hacerte un hueco?		
5	¿Puedes enumerar sin dudar cuáles son las ventajas del producto o servicio?		
6	¿Tienes hecha una lista de proveedores con sus características?		
7	¿Sabes con exactitud qué recursos necesitas y cuánto te van a costar?		
8	¿Tienes claro cuántas personas necesitas y qué va a hacer cada una?		
9	¿Has calculado qué beneficios vas a obtener después de hacer frente a todos los gastos?		
10	¿Eres consciente de qué amenazas puedes tener en el negocio?		
11	¿Has decidido qué forma jurídica es la más adecuada para tu negocio?		

1. Si tienes una idea en mente que no puedes expresar de forma clara, algo no va bien. Esto quiere decir que no tienes bien definida la oportunidad de negocio, y tampoco podrás hacer que la comprendan otros.
2. Si no has buscado información suficiente sobre tu idea, puede que te lleves sorpresas como la de que ya existan otros que la hayan puesto en práctica. Infórmate. Cuanta más información tengas al respecto, mejor.
3. La idea de negocio es, en definitiva, un producto o servicio que se intenta vender; lo que significa que debes tener muy claro el mercado en el que vas a introducirla. Además, pensemos cuál es el futuro de ese mercado: ¿Es nuevo? ¿Un mercado de muchos años en el que apenas se vende? ¿Es el futuro?
4. Tienes que ser capaz de comprobar si tienes hueco entre los competidores existentes.
5. Recuerda que la clave es que tu producto o servicio final sea útil.
6. Necesitas recursos para tu actividad. Es importante que sepas quién puede proporcionártelos, si lo harán a buen precio y con la rapidez necesaria.
7. Nunca hay que lanzarse a comprar sin saber lo que se necesita, ni sin tener claro cómo se va a afrontar.
8. Si no vas a ser tú solo quien forme la empresa, piensa bien qué personal necesitas porque también deberás hacer frente a sus salarios. ¿Tendrás suficientes ingresos para poder pagar salarios? Y, sobre todo, ¿tienes claro qué funciones y tareas tendrán?
9. Calcula lo mejor que puedas cuánto vas a ganar con lo que piensas vender; ya que si ni siquiera te sirve para cubrir los gastos, la idea no merece la pena.
10. Nunca es un camino de rosas. Tienes que saber con qué dificultades puedes encontrarte.
11. ¿Tú solo? ¿Con socios? Pide ayuda y asesoramiento para decidir qué tipo de empresa necesitas. En función de qué elijas, tendrás unas responsabilidades.

La técnica Ideart (para crear ideas)

¿Qué es?

Una técnica de creatividad desarrollada por Franc Ponti para generar ideas.

¿Para qué sirve?

Tiene por objeto generar ideas a partir de estímulos visuales y, concretamente, de obras de arte.

Ponlo en práctica...

1. **Determina** por escrito qué problema se quiere resolver.
2. Escoge de forma intuitiva **de tres a cinco pinturas**, intentando que sean de diferentes épocas y estilos. Te ponemos un ejemplo: *Minerva con el centauro*, de Sandro Botticelli; *Mujer, pájaro y estrella*, de Joan Miró; y *La butaca roja*, de Pablo Picasso.
3. **Describe las características de cada pintura**. Es importante divertirse y jugar a crear historias con cada cuadro, describir emociones a partir de los colores, formas... Se debe intentar interpretar, imaginar...
4. **Establece conexiones** entre el problema objeto de estudio y las pinturas. Hay que lograr crear frases que unan las dos cosas: «Los colores del cuadro me sugieren que podríamos...», «La figura me hace pensar que deberíamos...», etc.
5. A partir de un listado de todas las asociaciones o conexiones que se realicen, **decide cuáles son las propuestas que más se acercan al objeto** del problema o al objeto que se está trabajando.

Propuesta de trabajo:

Aplica la técnica Ideart sobre alguna idea que ya hayas trabajado en otras unidades para perfeccionarla más y completarla. ¿Has conseguido algo nuevo?

¿Algo para evaluar las ideas? La técnica Map it

Map it es una técnica de evaluación de ideas sencilla con estos pasos:

1. **Establece criterios de evaluación.** Si no sabes cómo hacerlo, te proponemos estos seis criterios:
   a) Puedo comunicar la idea de forma clara y sencilla.
   b) Es una idea muy interesante.
   c) Hay una buena oportunidad para poder desarrollarla.
   d) Sé como se llevaría a cabo.
   e) Es una idea que presenta ventajas con respecto a las otras.
   f) Es una idea diferente o única.
2. Para cada idea, **dibuja un círculo**.
3. **Divide el círculo en secciones.** Una para cada uno de los criterios que tengas, y diferéncialas en tamaño, color o diseño para reflejar cómo es de importante cada aspecto dentro de la idea.
4. **Identifica cada parte** con un símbolo o una frase corta.
5. **Estudia tu mapa** y pregúntate: ¿Hay algún área que quisieras cambiar? ¿Algo que te gustaría limitar o eliminar? ¿Incluirías algo?

Propuesta de trabajo:

Evalúa alguna idea con la técnica Map it. Utiliza estos criterios:

1. La idea de negocio está clara.
2. Dispongo de información real y actual sobre la idea.
3. Sé cuál es el mercado.
4. Conozco cuáles son las ventajas que aporta la idea.
5. Tengo claro las personas que necesitaría y qué van a hacer.
6. Necesito recursos para invertir.

AQUÍ Y AHORA

La empresa es...

LA PÁGINA WEB

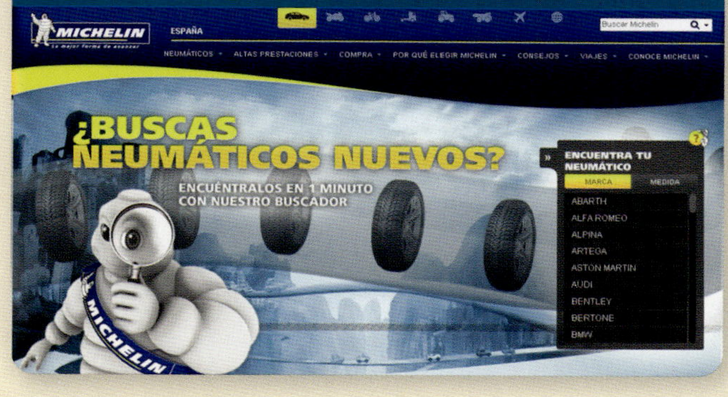

http://www.michelin.es

LAS PERSONAS

Los hermanos André y Édouard Michelin.

A QUÉ SE DEDICA...

Fabricación de neumáticos.

EL COMIENZO...

En 1889, Édouard Michelin y su hermano André se hacen cargo de la empresa familiar, con un producto estrella: la zapata de freno de caucho. Dos años después, un ciclista acudió para reparar los pinchazos de su bicicleta (lo que suponía tres horas de trabajo). Édouard enseguida vio la oportunidad. Tenía que lograr un sistema de reparación más fácil. Ese mismo año depositaron las patentes de sus neumáticos desmontables y reparables en un cuarto de hora. Y desde ahí, todo fue «sobre ruedas»: inventores de la rueda de acero desmontable en 1913 (precursora de la actual de repuesto) o el neumático con cámara incorporada.

AHORA...

Con más de 100.000 trabajadores por el mundo, fabrican más de 3.500.000 toneladas de neumáticos al año. Tienen más de 70 plantas de producción y presencia en más de 170 países.

INICIATIVA EMPRENDEDORA...

Observa estos datos y asocia cada uno con algún apartado del plan de empresa.

a) La cuota de mercado de Michelin se sitúa en torno al 15%.

b) La materia prima para los neumáticos es la goma, cuyo precio ha caído en los últimos años.

c) El 75% de los neumáticos que se venden en el mundo son de recambio.

d) Bibendum nació en 1898 de mano del artista de carteles Marius Rossillon. El muñeco tuvo éxito desde el principio, y siempre evoluciona para estar «a la moda».

HABILIDADES EMPRENDEDORAS...

Un gran icono del siglo XX conocido en todo el mundo es Bibendum: el muñeco *Michelin*. La idea del muñeco surgió al visitar una fábrica, ante un montón de neumáticos apilados sobre los que alguien dijo que se parecerían a un hombre si se le añadían brazos y cabeza. De ahí, André Michelin diría algo que se hizo popular: «Los neumáticos se tragan los obstáculos». El primer cartel fue un muñeco bebedor de obstáculos con gafas y un puro y levantando una copa. Se utilizó como eslogan un verso de Horacio en latín, *Nunc est bibendum*, que usaban los romanos para brindar y que significa: «Es tiempo de beber». Al verlo encima del muñeco, la gente pensó que era su nombre.

En la comercialización, la promoción es clave. Imagina un producto que utilices a diario. ¿Podrías tú crear un eslogan que lleve al éxito? Argumenta cómo has llegado a la frase.

7 El dinero y los pagos

SABER

- La moneda y los medios de pago.
- Los préstamos.
- La banca a distancia.
- La educación financiera.

SABER HACER

- Realizar cambios de moneda.
- Diferenciar los medios de pago más habituales.
- Calcular un préstamo.
- Elaborar un presupuesto de gastos e ingresos.

Como cualquier persona, el emprendedor utiliza el dinero a diario: hace transferencias, realiza pagos, saca dinero… Vamos a conocer los **medios de pago** que existen, algunos **productos bancarios** y cómo **controlar los gastos**.

? NOS HACEMOS PREGUNTAS

- ¿Qué son las divisas?
- ¿Todas las tarjetas del banco son iguales?
- ¿Sabes qué es un cheque?
- ¿Qué son los intereses de un préstamo?
- ¿Llevas un control de tus gastos?

1 La moneda y los medios de pago

En España y en los países de la zona euro, la moneda de curso legal es el euro. ¿Pero qué ocurre si viajas a otro país que no es de la zona euro? ¿Cómo realizas los pagos? ¿Y en qué **moneda**? Y si una empresa de tu localidad vende sus productos en América, ¿cobra en euros o en dólares? Cuando hablamos de comercio internacional, **los pagos se realizan en la moneda del país vendedor**. Así, para un país cualquiera, la moneda extranjera es el medio de pago que se materializa en moneda de otros países: billetes de banco extranjero y divisas.

Los **billetes de banco extranjeros** son los billetes que han sido emitidos por los bancos centrales extranjeros. Las **divisas** son las monedas de otros países, excepto los billetes de banco.

Ejemplo. Las divisas

Las tres divisas más importantes son el euro, el dólar y el yen.
La moneda oficial de Estados Unidos es el dólar americano. Y la moneda oficial de los países de la zona euro es el euro. Así, podemos decir que para nosotros el dólar americano es una moneda extranjera, y que para Estados Unidos el euro es una moneda extranjera.

El Banco Central Europeo y el Banco de España son quienes fijan la cotización del euro; es decir, el precio de la moneda.

La **cotización** es el número de unidades de una moneda que hay que entregar para obtener una unidad de otra moneda.

En la cotización se diferencia entre **cambio comprador** y **cambio vendedor**. El primero es la cantidad que nos pagan por cambiar una moneda extranjera en euros, y el segundo, el precio al que nos venden la misma moneda extranjera.

EMPRENDEDORES

«La única moneda que valoro es la moneda del espíritu. Eso es muy importante en mi vida».

Kinky Friedman

ACTIVIDADES

1 ¿Cuál es la divisa europea?

2 ¿Qué diferencia hay entre cambio comprador y cambio vendedor?

3 ¿Cuántos euros necesitas para comprar en el banco 100 yenes japoneses si el cambio comprador está a 147,25410 y el cambio vendedor a 124,55515?

SABER HACER

CAMBIAR MONEDA

El próximo puente festivo nos vamos a Londres para visitar el Museo Charles Dickens. Y, para ello, necesitamos cambiar euros a libras esterlinas.
Los tipos de cambio según el banco al que vamos s on los siguientes:

Cambio de billetes: 0,80916 (cambio comprador) y 0,76950 (cambio vendedor).

Cambio de divisas: 0,97576 (cambio comprador) y 0,79084 (cambio vendedor).

Por tanto, si queremos que el banco nos venda libras esterlinas para el viaje, ¿cuántos euros nos costará adquirir 500 libras?

Solución

Queremos que el banco nos venda libras esterlinas, así que, según el tipo de cambio vendedor, 1 euro equivale a 0,77 libras en el caso de los billetes. Por tanto, tenemos que dividir las 500 libras que queremos entre 0,77.
Es decir, 500 libras nos costarán 649,35 euros.

SABER MÁS

La modalidad de **pago aplazado en la tarjeta de crédito** también se denomina ***revolving***. Y es un medio de pago con intereses muy altos. Normalmente suelen oscilar entre el 11 % y el 25 %.

1.1. Las tarjetas

Las entidades bancarias asocian una **tarjeta** a la cuenta corriente o de ahorro para permitir al titular que disponga de dinero en efectivo en cualquier momento, o para que pueda llevar a cabo compras en los establecimientos. Las tarjetas, al igual que sucede con las monedas y los billetes, también son un **medio de pago**. En la **figura 7.1** resumimos las principales tarjetas emitidas por los bancos.

Tarjeta de débito	Tarjeta de crédito	Tarjeta comercial
↓	↓	↓
Medio de pago al contado.	Medio de pago aplazado en el tiempo.	Medio de pago emitido por empresas comerciales.
↓	↓	↓
El dinero retirado en el cajero, o el pagado en una tienda, se carga directamente en la cuenta.	Se puede retirar dinero o hacer pagos sin que se carguen directamente en la cuenta, sino en un plazo acordado (por ejemplo, en el mes siguiente).	El objetivo es hacer compras en los establecimientos que las emiten de forma exclusiva, teniendo a cambio derecho a descuentos, puntos que pueden canjearse u otras ventajas.

Figura 7.1 Las tarjetas más habituales.

La forma tradicional de pago con la tarjeta de crédito es la del **pago por la totalidad**; es decir, que se paga en el plazo previsto la totalidad de lo gastado en un periodo de tiempo. Así, lo más normal es que en los primeros días del mes siguiente, se afronten los gastos realizados en el mes anterior (sin intereses). Sin embargo, también existe la posibilidad de realizar un **pago aplazado**, por el cual se dispone de una cantidad determinada de dinero, pagando a cambio cada mes una cuota fija o un porcentaje sobre la cantidad de dinero que se haya utilizado.

Para finalizar, observa la tabla de **obligaciones y recomendaciones para el titular de una tarjeta**.

OBLIGACIONES Y RECOMENDACIONES PARA EL TITULAR DE UNA TARJETA	
Obligaciones	**Recomendaciones**
• Conservar y usar correctamente la tarjeta y el número PIN (número de identificación personal). • Avisar inmediatamente al banco o la entidad emisora en caso de pérdida o robo. • Guardar el PIN y cualquier dato confidencial (no facilitarlo bajo ningún concepto). • Devolver los fondos utilizados o pagar puntualmente las comisiones y los intereses que puedan existir.	Proteger la información personal para que nadie acceda con tu tarjeta si te la roban o la pierdes. Concretamente: • El PIN. • La fecha de caducidad. • El número de cuenta bancaria (CCC). • El nombre, los apellidos, el DNI y las claves de acceso a la banca *on-line* (usuario y contraseña).

EMPRENDEDORES

«Cuanto más aprendes, más te das cuenta de que no sabes».

Donald J. Trump

ACTIVIDADES

4 ¿Cuál es la finalidad de una tarjeta de crédito o débito?

1.2. Las transferencias

Las transferencias son unas **órdenes** por las que se cambian los fondos o el dinero de una cuenta a otra diferente.

Una **transferencia bancaria** es una operación por la que una persona o una empresa da instrucciones a su entidad bancaria para que envíe, con cargo a su cuenta, una cantidad de dinero determinada a otra cuenta (suya o de otra persona o empresa).

Sin embargo, no debes confundir este concepto con el de traspaso.

El **traspaso** es el traslado de dinero entre cuentas del mismo titular abiertas en la misma entidad.

Tanto en la transferencia como en el traspaso intervienen el **ordenante** o titular de la cuenta que da la orden y el **beneficiario** o titular de la cuenta que recibe los fondos.

CLAVES PARA EMPRENDER

A la hora de **elegir una tarjeta**, hay que escoger la que más se adecue a cada necesidad y la que tenga menos intereses. Asimismo, conviene no utilizar la tarjeta de crédito para sacar dinero de los cajeros, ya que cobran intereses. Y hay que tener mucho cuidado con no exceder nunca el límite de crédito de la tarjeta.

1.3. Los cheques

El cheque también es un medio de pago en el que interviene una entidad bancaria, y su finalidad es, asimismo, evitar el uso de dinero en efectivo.

El **cheque** es el documento por el cual se da una orden de pago a una entidad financiera con objeto de que pague una cantidad determinada de dinero a otra persona o empresa.

EMPRENDEDORES

«Regla número 1: nunca pierda dinero. Regla número 2: nunca olvide la regla número 1».

Warren Buffett

En la **figura 7.2**, mostramos los principales tipos de cheques.

Nominativo	Al portador	Cruzado	Conformado
A favor de una persona determinada (nombre y apellidos).	Puede cobrarlo cualquier persona.	Tiene por objeto impedir que, si se extravía, lo cobre otra persona.	El banco comprueba la existencia de fondos y si es auténtica la firma de quien expide el cheque.

Figura 7.2 Los tipos de cheques.

Y en la **figura 7.3** puedes ver un modelo de cheque nominativo.

BANCO .....

CCC	Entidad	Oficina	D.C.	N.º CUENTA
IBAN				

Dirección ___________ Eur. ____#números#__________________

____

Páguese por este cheque a ____________ ______________________________________

Euros ____

Serie N.º________________ ____________, ________de__________20______

Consignar la fecha en letra Firma

Fdo.

Figura 7.3 Cheque nominativo.

EMPRENDEDORES

«Mi sueño es el de Picasso: tener mucho dinero para vivir tranquilo como los pobres».

Fernando Savater

Ten en cuenta que se denomina **librador** al titular de la cuenta corriente que ordena a su entidad bancaria que se pague una cantidad específica de dinero. Y que la persona que cobra el dinero es el **tenedor** o **beneficiario**. Asimismo, conocemos como **librado** a quien efectúa el pago (el banco).

En el caso de que el librador ordene al librado que le pague a él mismo, el librador y el tenedor o beneficiario son la misma persona. Esta situación se da cuando uno utiliza un cheque para sacar dinero de su propia cuenta.

Ejemplo. Pago del alquiler mediante cheque

Logan Hernáez realiza el pago del alquiler de su vivienda, situada en la Avenida de Los Huetos, 6, n.º 1, 01001, Vitoria-Gasteiz, mediante un cheque por valor de 450 euros. El propietario de la vivienda se llama Logan Hernáez.

BANCO .....

CCC	Entidad	Oficina	D.C.	N.º CUENTA
ES62	0077	1134	24	7000098989

Avenida de Los Huetos, 6
01001 Vitoria-Gasteiz

Eur. ____#450#________________

Páguese por este cheque a____________ SERGIO MARTÍN ________________________

Euros_______cuatrocientos cincuenta ________________________________

Serie N.º_ 0.434.981-0 6000-0 _ Vitoria-Gasteiz, treinta y uno de julio de 2016

Consignar la fecha en letra

Fdo. Logan Hernáez.

Firma

SABER MÁS

A partir del año 2014 se introdujo el **código IBAN** para poder realizar cualquier operación financiera de cobros y pagos.

El IBAN es el **identificador de las cuentas corrientes**. Y está compuesto por 4 digitos: los dos primeros para el país (ES en el caso de España) y otros dos como dígitos de control. A continuación, viene el número de cuenta corriente.

Para finalizar, debemos mencionar que el cheque como medio de pago es un medio que cada vez se utiliza menos debido al aumento de operaciones con tarjetas de crédito y la banca a distancia. Además, el cobro mediante cheque suele llevar consigo los inconvenientes de que esté falsificado o que no esté correctamente cumplimentado (lo que imposibilita su cobro). Observa la tabla de **recomendaciones para pagar con cheques**.

RECOMENDACIONES PARA PAGAR CON CHEQUES
• Utilizar cheques nominativos mejor que al portador.
• Nunca entregar cheques en blanco y firmados, ya que estaríamos obligados a pagar el importe que nos pongan.
• No cumplimentarlo hasta el momento del pago, ya que el cheque se paga en el momento de su presentación y aunque ponga una fecha futura (es pagadero a la vista).
• Comprobar siempre que tenemos fondos para pagar con cheque. En caso contrario reclamarán y podríamos sufrir graves consecuencias.
• Si nos roban o perdemos un cheque, debemos comunicarlo de forma inmediata a la entidad financiera y denunciarlo a la policía.

ACTIVIDADES

5 ¿Qué diferencia hay entre transferencia y traspaso?

6 ¿En qué situación coinciden librador y tenedor?

2 Los préstamos

El préstamo es una operación por la que el **prestamista**, una persona o una entidad, entrega una cantidad de dinero a otra, el **prestatario**. Así, se hace entrega del dinero de una sola vez, fijando un plazo de devolución (la amortización) y unas fechas en las que pagar unas cuotas periódicas. Por supuesto, la entidad bancaria tiene un beneficio: el cobro de intereses.

En esta ocasión, vamos a diferenciar **dos tipos de préstamos** por la incidencia que tienen en la vida diaria y en tu futuro bienestar financiero: el **préstamo personal** y el **préstamo hipotecario**.

2.1. El préstamo personal

El préstamo personal, o también llamado **de consumo**, puede llevarse a cabo en una entidad bancaria siempre y cuando tengas más de 18 años. Observa la figura 7.4.

Préstamo personal o de consumo

Objeto

Cubrir gastos de tipo **personal**: para estudios, para vacaciones, para el dentista, para comprar un coche…

Requisitos habituales exigidos por los bancos

- Abrir una cuenta bancaria y contratar una tarjeta.
- No pedir más de 30.000 euros.
- Aceptar un tipo de interés entre el 6 % y el 9 %.
- Pagar una comisión de apertura, entre el 1 % y el 3 % sobre la cantidad que se desea pedir.
- Pagar comisiones por cancelar parcial o totalmente el préstamo (devolver la cantidad antes del tiempo fijado): entre el 0 % y el 3 %.
- Fijar un plazo de devolución del préstamo entre 5 y 10 años.

Figura 7.4 El préstamo personal.

SABER MÁS

Cuando hablamos de tipo de interés, diferenciamos:

- **El tipo de interés nominal (TIN),** que es teórico y no se aplica en las operaciones financieras.
- **El tipo de interés efectivo real anual o tasa anual de equivalencia (TAE),** que refleja el coste real de préstamo; es decir, que tiene en cuenta las comisiones, los gastos que cobra el banco y el tiempo que se tardará en devolverlo.

CLAVES PARA EMPRENDER

Hoy día, las **hojas de cálculo** pueden ayudarte mucho para realizar operaciones que, en principio, son algo más complicadas de lo que parecen.

En el caso de una cuota mensual de un préstamo, puedes utilizar Microsoft Excel y aplicar la **función PAGO:**
=PAGO(tasa;nper;va;vf;tipo)

SABER HACER

CALCULAR LA CUOTA MENSUAL

Anás necesita 4.000 euros para comprarse un coche de segunda mano. Para ello, pide un préstamo en el banco por ese importe, y con objeto de pagarlo en un plazo de 4 años. El tipo de interés que le aplican es del 9 %. ¿Cuál es la cuota mensual que debe pagar? Ayúdate con una hoja de cálculo.

Solución

La función que debemos utilizar es PAGO(tasa;nper;va;vf;tipo), donde «tasa» es el tipo de interés del préstamo (9 %), «nper» es el número total de pagos del préstamo expresado en meses (en nuestro caso, 48 meses), «va» el valor actual (la cantidad que se solicita, 4.000 euros). Así, hay que seguir los pasos siguientes:

a. Introducir los datos en la hoja de cálculo.

b. En otra celda diferente, utilizar la fórmula, teniendo en cuenta que hay que dividir el interés entre 12 (para hacerlo mensual).

=PAGO(B1/12;B2;B3)

=PAGO(9 %;48;4000)

= −99,54 €

Por tanto, pagará una cuota mensual de 99,54 euros.

	A	B
1	Tasa de interés anual	9%
2	Plazo	48
3	Principal	4000
4		

	A	B
1	Tasa de interés anual	9%
2	Plazo	48
3	Principal	4000
4		-99,54 €
5		

EMPRENDEDORES

«Nada de deudas; nada de préstamos. En la casa que depende de deudas y préstamos se introduce una especie de esclavitud, cierta cosa de mal cariz que previene».

Henrik Johan Ibsen

2.2. El préstamo hipotecario

Un emprendedor necesita recurrir a préstamos personales para conseguir recursos que le permitan poner en marcha su idea. Pero también necesita un inmueble, un local, o incluso una vivienda donde poder llevar a cabo su actividad. Para ello, puede recurrir al **préstamo hipotecario** como un **producto financiero** que nos permite comprar o rehabilitar una vivienda o un inmueble. Y para este tipo de préstamos, el euríbor cobra especial importancia.

El **euríbor** es el tipo de interés que se aplica a las operaciones entre bancos en Europa y, por tanto, el tipo al que se prestan dinero los bancos.

Pero para comprender cómo se aplica este euríbor para el cálculo de la cuota mensual, primero hay que comprender los tres tipos de interés que se muestran en la figura 7.5.

Figura 7.5 Tipos de interés del préstamo hipotecario.

3 La banca a distancia

Las **cuentas bancarias** sirven como depósito de dinero de cara a realizar diversas operaciones: pagos, ingresos, transferencias o retiradas de dinero a través de cajeros. Sin embargo, actualmente existen sistemas que facilitan la realización de todas estas operaciones sin tener que ir a la oficina del banco: la **banca *on-line*** y la **banca telefónica**.

3.1. La banca electrónica

La banca electrónica *(on-line)* es la modalidad que nos permite utilizar los servicios y productos del banco **a través de Internet**. Normalmente es un servicio gratuito o una alternativa que ofrecen bancos que no disponen de oficinas, que mediante una **clave de usuario** y una **contraseña** permiten acceder a una oficina virtual para realizar diferentes operaciones.

3.2. La banca telefónica

La banca telefónica es un tipo de banca que consiste en realizar las principales operaciones a través del teléfono, haciendo uso de una contraseña o clave secreta: consulta de cuentas, movimientos de dinero, informarse sobre productos o servicios, etc.

4 La educación financiera

Cualquiera de nosotros nos relacionamos a diario con el dinero. En la familia, sin ir más lejos, puedes observar que se realizan pagos, se saca dinero del cajero automático, se piden préstamos o, simplemente, se abren cuentas bancarias.

Y al emprendedor le ocurre exactamente lo mismo: necesita recursos para poner en marcha su idea (pide un crédito al banco para disponer de dinero), domicilia recibos en su cuenta del banco para realizar los pagos de la luz, el agua, el teléfono…

Por tanto, a partir de esta realidad, es necesaria una **educación financiera**. Esa educación comprende las acciones que indicamos en la figura 7.6.

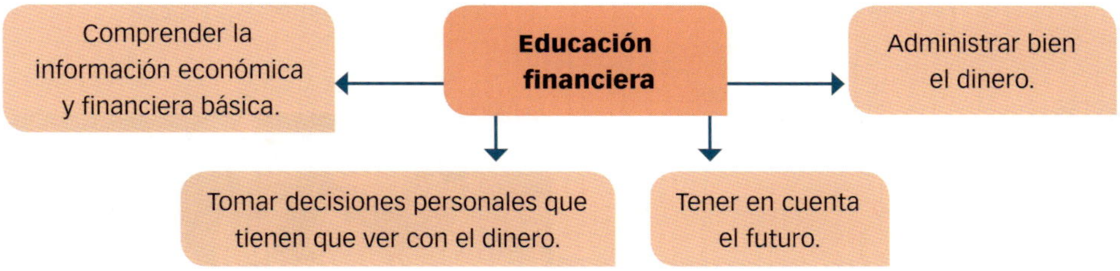

Figura 7.6 La educación financiera.

EMPRENDEDORES

«El mejor límite para el dinero es el que no permite caer en la pobreza ni alejarse mucho de ella».

Séneca

CLAVES PARA EMPRENDER

Tienes que desarrollar una **actitud positiva hacia el dinero**. Solo así estaremos hablando realmente de espíritu emprendedor, de generar ideas para poner en marcha un negocio o, simplemente, de buscar el bienestar.

SABER HACER

ADMINISTRAR EL DINERO

1. Lourdes cuenta con una paga semanal para sus gastos que administra adecuadamente, ya que no es una persona derrochadora. Además, siempre busca hacer un uso correcto del dinero que tiene, de forma que le sirva no solo para comprar algo de vez en cuando, sino también para ahorrar.
2. El dinero del que dispone Lourdes es el que le dan sus padres. Y además también lo gana ayudando en algunas tareas de la empresa de su tío.
3. En alguna ocasión, ha pedido prestado algo de dinero para compras necesarias, como, por ejemplo, un material específico que necesitaba para las clases extraescolares de dibujo y pintura.
4. Siempre que puede, Lourdes incluso ayuda con el dinero que tiene. De hecho, pertenece a una organización no gubernamental con la que colabora los fines de semana. Y, a veces, da algún donativo.
5. Lourdes cuenta con algunos conocimientos económicos y financieros, ya que en la asignatura de Iniciación a la Actividad Emprendedora y Empresarial ha aprendido a abrir una cuenta bancaria, a cumplimentar una factura o, por ejemplo, a saber qué es y para qué sirve una tarjeta de crédito.

¿Podríamos decir que Lourdes cuenta con educación financiera?

Solución:

Estas cinco situaciones desvelan una actitud y un comportamiento responsable en lo que respecta al dinero y su administración.

Por tanto, sí representan la esencia de la educación financiera desde el momento en el que se cumplen las acciones de la figura 7.6.

4.1. El consumo inteligente

Actualmente vivimos en una sociedad en la que **es fácil consumir productos y servicios**. El problema aparece cuando se compran o utilizan de forma **descontrolada**. Por ello, es necesario que revisemos nuestros hábitos y seamos conscientes de que un consumo poco inteligente puede llevar a graves consecuencias tanto de tipo financiero como de salud. En definitiva, se trata de que seamos **consumidores inteligentes**. Observa la figura 7.7.

1. Elegir lo que realmente se necesita.
2. Comprar teniendo en cuenta la relación entre calidad y precio.
3. Cuidar las consecuencias que tiene el consumo sobre el medio ambiente.
4. Conocer los derechos y obligaciones como consumidor.
5. Ahorrar para los momentos necesarios.
6. Exigir a las empresas un comportamiento socialmente responsable.

Figura 7.7 Acciones del consumidor inteligente.

PASA A LA ACCIÓN

¿Cómo te comportas cuando vas a comprar?

Responde a las preguntas siguientes eligiendo la respuesta con la que te sientas más identificado:

1. Cuando vas a comprar…
   a) Voy sabiendo de antemano lo que quiero.
   b) Voy sin haber pensado nada en concreto y, simplemente, a ver qué encuentro.
   c) Voy a por algo concreto, y salgo con más cosas en la bolsa.

2. ¿Planificas tus compras?
   a) Sí. Y tengo en cuenta mi presupuesto.
   b) No exactamente. Compro cuando tengo dinero.
   c) No. Compro cuando tengo un rato libre.

3. A la hora de elegir un producto o un servicio…
   a) Lo comparo con otros productos o servicios.
   b) Elijo por el precio.
   c) Realmente, lo que tengo en cuenta es que me guste.

4. El dinero con el que cuentas ¿es suficiente para tus compras?
   a) Sí. Es suficiente.
   b) No. No suele llegarme porque todo está muy caro.
   c) No. Casi siempre suelo recurrir a que alguien me preste más dinero.

5. Si tuvieras que pedir un crédito, ¿qué sería para ti lo más importante?
   a) El tipo de interés al que me lo van a prestar.
   b) Durante cuánto tiempo tendré que devolverlo.
   c) La cantidad de dinero que me prestan.

Echa un vistazo a las respuestas e identifica cuál es la alternativa (a, b o c) que más has elegido. Si la que más se repite es la a), **probablemente tu consumo sea responsable**; ya que intentas comprar según tus necesidades y en función del dinero real con el que cuentas.

Si predominan las respuestas de tipo b), lo más seguro es que tiendas a caer en la imprudencia y, quizá, por el simple hecho de que no te preocupa mucho gastar más de lo que tienes (no planteándote, en realidad, si necesitas lo que adquieres).

Y si tus respuestas son la c), podrías llegar a ser lo que se llama un **comprador compulsivo**.

Es decir, que no tienes en cuenta tu presupuesto, que siempre sales de las tiendas con algo en las manos (lo necesites o no) y que incluso recurres a dinero que no tienes para salirte con la tuya.

4.2. El ahorro

La educación financiera está relacionada con la capacidad para controlar los gastos y llegar a ahorrar dinero en un periodo determinado. La idea es poder **hacer frente a los gastos imprevistos y comprar** lo que nos guste o necesitemos. Pero también significa **invertir** e, incluso, **ayudar a personas** que lo precisen.

El **ahorro** es la parte de los ingresos que no gastamos durante un tiempo determinado. Es decir, los gastos menos los ingresos.

Ejemplo. Ahorro e inversión

Vanesa recibe una paga mensual de 70 euros. Y es capaz de ahorrar 30 al mes guardándolos en su banco. Al cabo de un año tiene la cantidad de 360 (30 euros × 12 meses). Este año, Vanesa ha utilizado parte del dinero ahorrado para comprarse algo de ropa, pero también ha dado 100 euros a una organización no gubernamental llamada Ojos Solidarios. Además, ha utilizado 150 euros para comprar un libro con el que quiere aprender a reparar ordenadores por su cuenta. La compra de este libro es una inversión para Vanesa porque es algo que la ayudará a tener conocimientos que pueden valerle en un futuro.

4.3. El presupuesto

Antes de gastar e, incluso, de tener ingresos, es necesario estimar cuánto dinero tendremos y en qué lo vamos a gastar o invertir. Es decir, **planificar los gastos e ingresos** para llevar un adecuado control. Para ello, hay que elaborar un **presupuesto**.

Un **presupuesto** es la previsión de ingresos y gastos que se estiman para un periodo de tiempo determinado.

Ten muy presente que la clave está en adelantarte a los gastos e ingresos. Muchas personas y familias no tienen la suerte de contar con ingresos estables, lo que hace que su capacidad de ahorro sea insuficiente. El objetivo de **elaborar un presupuesto** es que puedas controlar más la situación y, cuando se tengan más ingresos, poder ahorrarlos para compensar los gastos. A través de la tabla de **clasificación de gastos familiares** puedes hacerte una idea de qué hay que tener en cuenta para elaborar un presupuesto.

CLASIFICACIÓN DE GASTOS FAMILIARES

Tipo de gasto	Ejemplo
1. Gastos.	Gastos del colegio, el alquiler, la hipoteca, la comunidad…
2. Gastos variables.	Gastos de luz, agua, ropa, comida, gasolina…
3. Gastos superfluos o que realizamos sin tener realmente ninguna necesidad.	Todo aquello que se compra por gusto, y que no ofrece realmente una utilidad importante: ropa que no se necesita, el café de la mañana, un juego para el ordenador, una descarga de pago para el teléfono móvil, una comida fuera de casa…

PASA A LA ACCIÓN

Tu presupuesto

¿Sabes exactamente cuánto dinero te gastas al mes? ¿Ahorras? ¿Te gastas toda la paga en cuanto te la dan? Si no ahorras, lo más probable es que no controles tu situación financiera. Y para que esto no ocurra, debes reflexionar al respecto. Para ello te proponemos que hagas lo siguiente:

1. Un listado con los ingresos que percibes (entradas de dinero): la paga que puedas tener, el dinero que te pudieran dar algunos de tus familiares, dinero en efectivo por tu cumpleaños, etc.
2. Un listado con los gastos (salidas de dinero): regalos que haces en situaciones especiales, el dinero gastado si vas al cine, en comprarte alguna golosina…

Una vez que hayas terminado, calcula el ahorro restando el total de gastos y el total de ingresos:
Ahorro = Gastos − Ingresos

ACTIVIDADES

7 Clasifica los siguientes gastos familiares en fijos (F), variables (V) o superfluos (S): el recibo de electricidad, la hipoteca, una comida en un restaurante, los gastos de la comunidad.

ESQUEMA DE CONTENIDOS

1 Copia en tu cuaderno el siguiente esquema de los contenidos de la unidad y completa lo que falta.

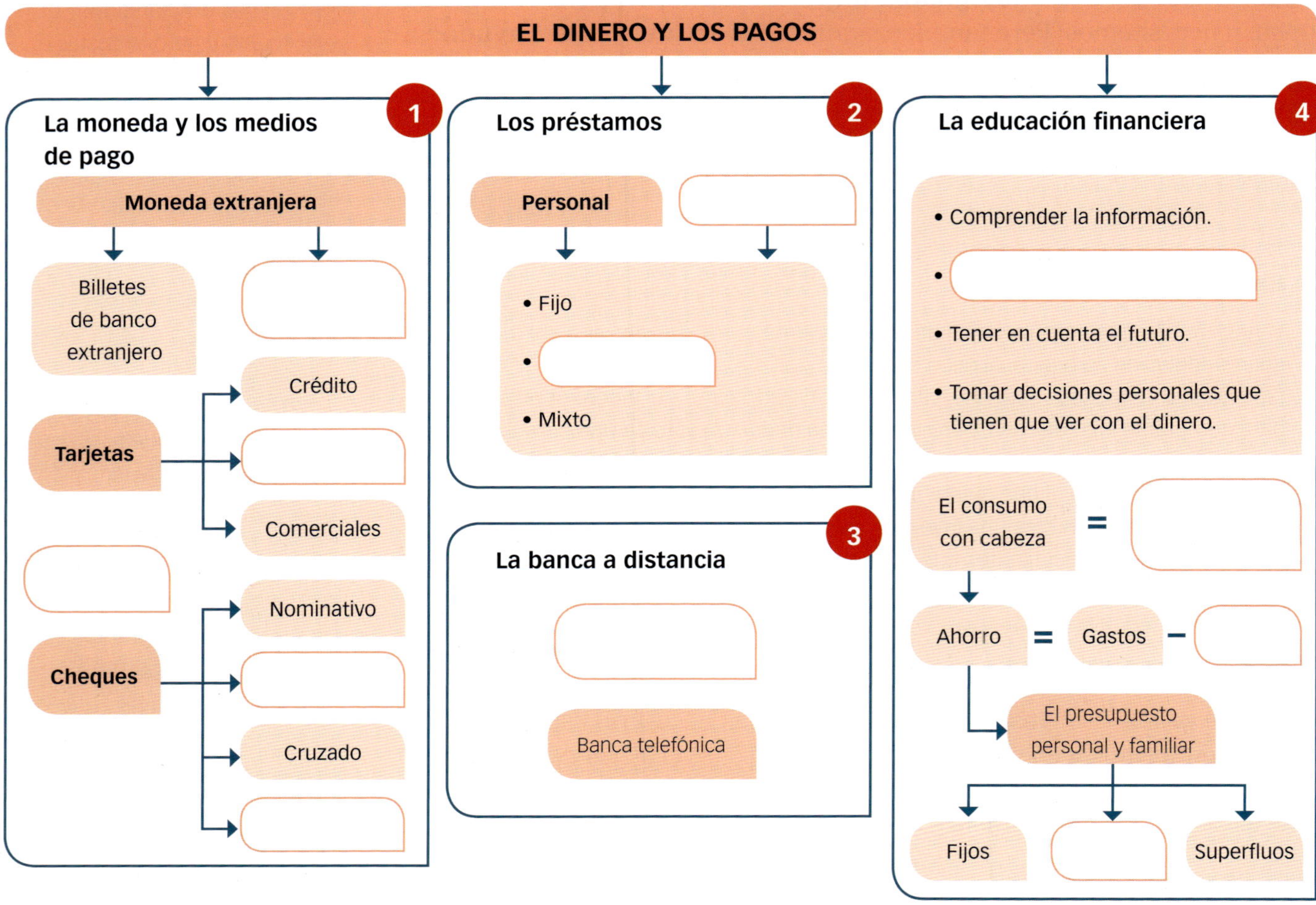

REPASA LO ESENCIAL

2 Indica en tu cuaderno si las afirmaciones siguientes son verdaderas (V) o falsas (F):

Supuesto	V/F
Las divisas son las monedas y los billetes de otros países.	
En la tarjeta de débito, el dinero retirado en un cajero se carga directamente en la cuenta del banco.	
El cheque al portador puede cobrarlo cualquier persona.	
El tipo de interés variable de una hipoteca implica que siempre se paga la misma cuota.	
Una de las ventajas de la banca telefónica es que está disponible las 24 horas.	
El consumo inteligente no tiene nada que ver con respetar el medio ambiente.	

PRACTICA

3 Lee este titular y responde:

La realidad que muestra este titular está argumentada por muchos padres como un modo de inculcar a sus hijos por medio de la paga la responsabilidad en el ahorro. ¿Por qué es necesario ahorrar? ¿Qué piensas al respecto?

«Los niños españoles, los terceros de Europa que más paga reciben de sus padres, según un estudio»

«El 75 % de los españoles da una asignación a sus hijos, según el Grupo ING»

«El 41 % de los niños de 5 a 15 años recibe de cinco a diez euros semanales»

Fuente: http://www.rtve.es/noticias (11.09.14)

AMPLÍA

4 Hablamos de consumo inteligente. Responde: ¿qué es el llamado «consumo verde»?

Explica en qué consiste buscando información en Internet. Puedes ayudarte de un buscador o acceder, por ejemplo, a FACUA-Consumidores en Acción, una organización no gubernamental que defiende los derechos de los consumidores, en la dirección http://www.facua.org.

AUTOEVALÚATE

5 Contesta en tu cuaderno a las preguntas del test siguiente:

1	Vas de compras… a) Todos los días. b) Una vez por semana. c) Cuando te hace falta algo.	6	Sobre todo, te gusta comprar… a) Para ti. b) Para tu mejor amigo o amiga. c) Para otros.
2	En una tienda o en un centro comercial… a) Compras aquello que estabas buscando desde que has salido de casa. b) Generalmente no compras nada. c) Compras lo que no necesitas.	7	Antes de salir de compras… a) Piensas lo que necesitas y haces una lista. b) Compras en función de lo que más te llama la atención. c) Compras cosas que te van a hacer falta más adelante.
3	Lo que más te gusta es… a) Ir a un *outlet*. b) Ir al cine. c) Ir a hacer deporte.	8	Si recibes un catálogo por correo… a) Lo ojeas, aunque sea por encima, para ver si te llama algo la atención. b) Lo tiras directamente. c) Lo ojeas, ya que siempre encuentras algo que te sirve.
4	Cuando compras… a) Te sientes eufórico y alegre. b) No te afecta en absoluto. c) Sientes algo de angustia.	9	Al entrar en una tienda… a) Directamente te diriges a la sección de las rebajas. b) Paseas por la tienda observando sin más, y sin idea de comprar nada en concreto. c) Solo vas para aconsejar a alguien.
5	De lo que más sueles hablar con tus amigos es de… a) Otras personas. b) Ropa. c) La última película que has visto.	10	¿Tienes alguna deuda? a) Sí. Debo dinero. b) No. Ninguna. c) Sí, pero poca cantidad.

Al finalizar, suma tus respuestas teniendo en cuenta la escala siguiente: respuesta a) 1 punto. b) 2 puntos. c) 3.

Hasta 13 puntos, para ti las compras no son una obsesión. Eres más bien una persona ahorradora que compra cuando lo necesita.

De 14 a 22 puntos podrías considerar que sí te gusta comprar, pero que lo haces sin que esto represente un problema. Obtener más de 23 puntos indica que compras de forma compulsiva, más bien sin necesidad, y debes controlarte…

Elabora tu presupuesto

Hemos visto que es necesario controlar los gastos para poder ahorrar, y que elaborar un presupuesto personal es clave si queremos mantener una situación financiera adecuada.

Se trata de que sigas unos pasos para ayudarte a elaborar tu presupuesto. De esta forma podrás priorizar los gastos, reducir o eliminar por completo las deudas, acumular algo de dinero para las emergencias o gastos imprevistos y, en definitiva, vivir de acuerdo con tus posibilidades y más tranquilo.

1. Identificación de gastos e ingresos

No olvides que los ingresos son todas las entradas de dinero con las que cuentas y que los gastos reflejan las salidas, así que comienza haciendo una relación de estos o parte de los que ya hayas podido identificar en el Pasa a la acción titulado **Tu presupuesto** del apartado 4.3.

Recomendaciones:

a) Contabiliza los gastos e ingresos teniendo como referencia **el mismo periodo de tiempo** (de forma mensual). Es decir, que todo importe que ingreses o gastes una sola vez y no sea con carácter mensual, debes dividirlo entre 12 meses (por ejemplo, una cantidad de dinero que recibas con ocasión de las navidades). El objetivo es que tengas una referencia mensual de todos tus gastos e ingresos del año.

b) Piensa en los **diferentes tipos de gastos** existentes para no dejarte nada: fijos, variables y superfluos.

c) Intenta tener como referencia las **cantidades exactas**. Si no es posible, haz una estimación.

2. Elaboración del presupuesto

Cumplimenta en tu cuaderno la tabla siguiente:

PRESUPUESTO PERSONAL				
FECHA	CONCEPTO	(G) GASTOS	(I) INGRESOS	SALDO (G−I)
		Total de gastos	Total de Ingresos	Disponible total

La columna del saldo es la diferencia entre los gastos e ingresos de un periodo determinado. El disponible total se calcula sumando todos y cada uno de los disponibles. Por supuesto, puedes ir ajustando las cantidades para que sean lo más reales posibles, en caso de que hayas hecho alguna estimación.

3. Evaluación del presupuesto

Un saldo positivo indica que tienes más ingresos que gastos. Y un saldo negativo, que no tienes disponible. La fase de evaluación es indispensable para que puedas llegar a controlar la situación. Es decir, que debes comprobar si hay gastos que puedes reducir o eliminar.

Recomendaciones:

a) Si el saldo es negativo, primero calcula cuánto suponen los gastos con respecto a los ingresos. Dicho de otro modo, el **porcentaje de gastos con respecto a los ingresos**. Para ello, multiplica el total de gastos por 100, y divide el resultado entre el total de ingresos: % de gastos = (total de gastos × 100) / total de ingresos.

b) Es aconsejable **que tus gastos nunca superen el 90% de los ingresos**. El dinero restante habría que destinarlo al ahorro para poder utilizarlo en caso de emergencias o imprevistos.

AQUÍ Y AHORA

La empresa es...

LA PÁGINA WEB

http://www.leroymerlin.es/

LA PERSONA

Adolphe Leroy

A QUÉ SE DEDICA...

Leroy Merlin es una multinacional francesa dedicada al bricolaje y a la venta de equipamiento de casa y jardín.

EL COMIENZO...

En 1923, Adolphe Leroy creó junto a su mujer, Rose Merlin, la empresa Leroy Merlin. Inicialmente se dedicaban a la venta del material militar de Estados Unidos que sobró tras la Primera Guerra Mundial. Lógicamente, tuvieron que reinventarse a medida que se les acababa el excedente que vendían, lo que les llevó al negocio de la venta de casas prefabricadas y productos de construcción y muebles. Fue en 1966 cuando abrieron, en el norte de Francia, la primera gran superficie. El éxito comercial hizo que se extendieran por todo el país. Aunque no es hasta 1989 cuando la marca abre su primera tienda en España.

AHORA...

Se extiende por más de 10 países y tiene un volumen de ingresos que supera los 13.000 millones de euros. Solo en España factura unos 1.500 millones de euros al año a través de sus 55 tiendas (y una tienda *on-line*). Aproximadamente unos 8.000 trabajadores ofrecen productos y servicios a más de 40 millones de clientes.

INICIATIVA EMPRENDEDORA...

Lee los titulares siguientes sobre Leroy Merlin y responde:

a) Clasifícalos en gastos, ingresos o inversiones.

b) ¿Cuál hace referencia a un consumo inteligente?

«Leroy Merlin comercializará productos de comercio justo» (compromisorse.com, 17.06.2013)

«Leroy Merlin realiza el 76 % de sus compras a proveedores nacionales» (compromisorse.com, 30.05.2013)

«Leroy Merlin crece. La empresa prevé duplicar los clientes en Valladolid hasta los dos millones con la apertura de su tienda en el Rio Shopping» (Leonoticias.com, 07.09.2013)

«Leroy Merlin mantiene sus ventas en España en 2012 a pesar de la crisis» (lainformacion.com, 29.05.2013)

HABILIDADES EMPRENDEDORAS...

Ignacio Sánchez es el director general de Leroy Merlin España. Lee sus tres frases siguientes y asocia cada una con una habilidad personal o social del emprendedor.

1. «… antes era muy verbal y ahora lidero con el ejemplo».
2. «Yo viajo mucho por toda España para visitar las tiendas [tienen 55]. Hay que estar en contacto con el negocio, porque si no, corres el peligro de perderte, de descuidar lo más importante: el cliente».
3. «Estamos en el siglo XXI y la gente todavía no ha aprendido; lo que hace un sector mal, lo repite otro. Por eso, nosotros nos hemos obligado a mantener nuestra visión y no dejarnos llevar por lo que hacen otros a corto plazo para competir».

8 Los indicadores financieros

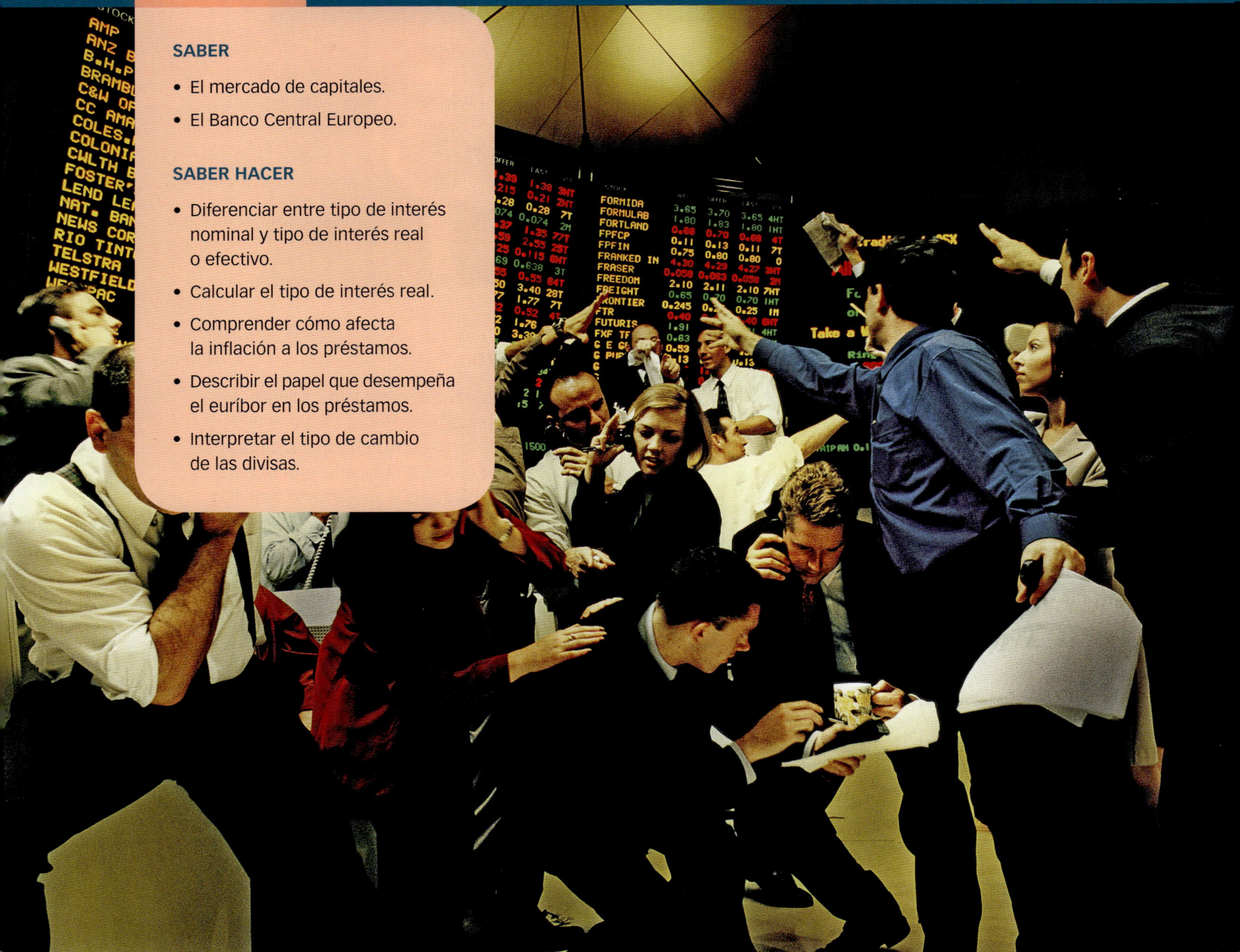

SABER

- El mercado de capitales.
- El Banco Central Europeo.

SABER HACER

- Diferenciar entre tipo de interés nominal y tipo de interés real o efectivo.
- Calcular el tipo de interés real.
- Comprender cómo afecta la inflación a los préstamos.
- Describir el papel que desempeña el euríbor en los préstamos.
- Interpretar el tipo de cambio de las divisas.

Pedir un préstamo significa pagar intereses. ¿De dónde salen? ¿Qué tipos hay? Además, sabes que **el valor del dinero cambia en el tiempo**, y que no es lo mismo comprar un producto en España que ese mismo producto en otro país. Es más, ¿tú qué crees?: **¿cuesta lo mismo una hamburguesa en Estados Unidos que en España?**

? NOS HACEMOS PREGUNTAS

- ¿El dinero tiene siempre el mismo valor?
- ¿Los bancos pueden prestarse dinero entre ellos?
- El esfuerzo para comprar un producto concreto, ¿es igual en todos los países?
- ¿Quién controla los precios?

1 El mercado de capitales

Desde el punto de vista del emprendimiento, «capital» no es igual a dinero propiamente dicho, pues con esa palabra se hace referencia a los medios de producción necesarios para producir bienes o servicios. Así, para el emprendedor supone **buscar financiación que le ayude a sacar adelante su proyecto**, y para las familias, o para particulares en general supone **buscar dinero o fondos para comprar o alquilar productos y servicios**.

Financiar es el acto de conseguir recursos y medios de pago con el fin de adquirir bienes y servicios que permitan llevar a cabo una actividad.

Por tanto, podemos decir que el **mercado de capitales** hace referencia a la oferta y a la demanda de fondos o medios de financiación.

Ejemplo. Préstamos

En la unidad 7 veíamos el préstamo como una opción de financiación; es decir, como una operación a través de la cual se puede obtener dinero para adquirir otros bienes o servicios.

SABER MÁS

Recuerda que la empresa necesita una serie de recursos para crear y producir bienes y servicios. Estos son: **tierra, trabajo y capital**.

Como emprendedores, hablar de **«capital»** significa hacer referencia a maquinaria, instalaciones e inmuebles en general, es decir, a aquellos elementos necesarios para el proceso productivo.

1.1. Los tipos de interés

Los **intereses** son el precio que se paga por conseguir dinero en un tiempo determinado. Y, como ya sabes, las entidades bancarias son los principales prestamistas. Por tanto, debes ser consciente de que este precio o tipo de interés depende del **plazo de tiempo** en el que se vaya a devolver el dinero, de la **competetividad entre los bancos** y del **riesgo** que se asume a la hora de conceder el préstamo. En la figura 8.1, mostramos los dos **tipos de interés generales**.

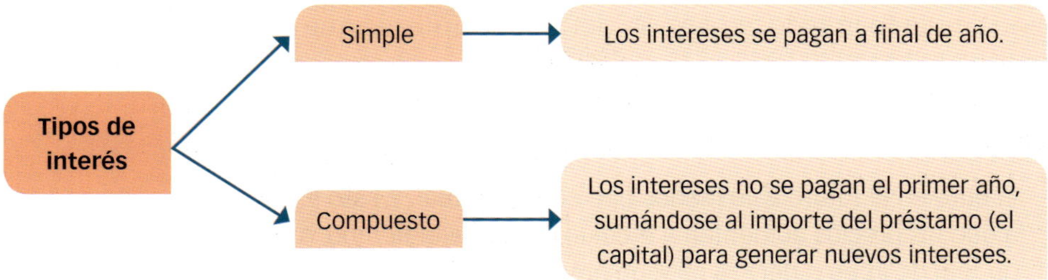

Figura 8.1 Tipos de interés generales.

EMPRENDEDORES

«Algún dinero evita preocupaciones; mucho, las trae».

Confucio

SABER HACER

PRÉSTAMO PARA ESTUDIOS

Ander quiere ir en verano a Inglaterra para estudiar inglés, por lo que su familia está barajando la posibilidad de que al acabar el curso haga un curso intensivo de cuatro semanas en St. Andrew´s College, en Station Road, la zona centro de Cambridge. El curso más el alojamiento en residencia asciende a 3.726 euros. Y por ello la familia acude a su entidad bancaria para informarse sobre la posibilidad de pedir un préstamo de 5.000 euros que les ayude a financiarlo, así como el alojamiento y el viaje. Sabiendo que el banco les presta el dinero a un tipo de interés del 8 %, y con el requisito de devolverlo en un plazo de 2 años, responde:

a) ¿Cuánto pagará de intereses si se aplica un tipo de interés simple?

b) ¿Cuánto pagará de intereses aplicando un tipo de interés compuesto?

Solución:

a) En el caso del tipo de interés simple, la cantidad que debe pagar cada uno de los dos años de la operación es de 400 euros:

$$\text{Intereses} = \text{Capital} \times 8\,\% = (5.000 \times 8)/100 = 400 \text{ euros.}$$

b) Aplicando un tipo de interés compuesto, el primer año no paga intereses, pero se suman a la cantidad inicial de los 5.000 euros:

- Los intereses del primer año son un 8 % de 5.000 euros. Es decir, 400 euros.
- Al comenzar el segundo año, el capital es el resultado de sumar el importe inicial y los 400 euros de intereses del primer año. Por tanto, 5.400 euros (5.000 + 400 euros).
- Los intereses del segundo año son el resultado de aplicar el 8 % sobre los 5.400 euros: 432 euros.

Por tanto, al finalizar el segundo año, cuando acaba de devolver el préstamo, los intereses que paga Ander suponen un total de 832 euros (400 + 432).

1.2. Interés nominal y real

Una consecuencia de la subida generalizada de precios o **inflación** es que pueden adquirirse menos bienes y servicios por cada euro. Es decir, que cada euro vale menos que antes. Y lo contrario sucede cuando hay **deflación**, es decir, que podemos adquirir más cantidad de bienes y servicios.

Es indispensable diferenciar entre tipo de interés nominal (TIN) y tipo de interés real o efectivo (TIE).

Decimos que estamos aplicando un **tipo de interés nominal (TIN)** cuando el periodo de tiempo previsto para calcular y liquidar los intereses coincide con la forma de expresión del tipo de interés que estamos empleando.

GLOSARIO

Liquidar: Saldar o pagar el importe de dinero que se debe.

Ejemplo. El euro de mañana

El euro en el futuro vale menos que el euro actual. Y esto es debido a que los precios aumentan a medida que pasa el tiempo. Así, si se nos aplica un tipo de interés del 6 % para un préstamo y los precios suben un 2 %, nuestro tipo de interés real sería del 4 % (6 % − 2 %).

Ejemplo. Anual y semestral

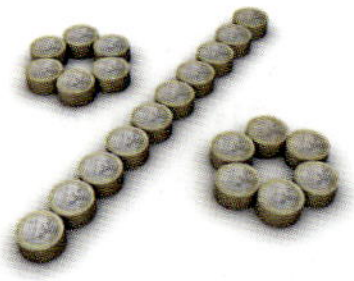

Imaginemos que Nerea pide un préstamo de 2.000 euros, y que el banco aplica un interés anual del 8 %. Si el préstamo se calcula y liquida de forma anual, los intereses que debe pagar cada año ascienden a 80 euros [(1.000 × 8) / 100]. Pero si se calcularan y liquidaran de forma semestral, cada semestre pagaría la cantidad de 40 euros (80 / 2).

Sin embargo, no siempre coinciden en el tiempo el cálculo y la liquidación de intereses, ya que el valor del dinero es diferente en cada periodo, y hay que corregir el tipo de interés. Es decir, que debemos utilizar el **tipo de interés real o efectivo (TIE)**.

Ejemplo. Calculadora del TIE

Un préstamo al tipo de interés nominal anual del 6 %, pagando sus intereses de forma semestral, es un préstamo de interés efectivo del 6,09 %.

El Banco de España pone a disposición una calculadora en la dirección http://www.bde.es/clientebanca/simuladores/simulador_calculadora_tie.htm

EMPRENDEDORES

«Las cosas no valen sino lo que se las hace valer».

Molière

SABER HACER

PRÉSTAMO CON TIE

Marta se va a comprar un Apple MacBook, de 512 GB y 16 GB de RAM por 2.329 euros. Para ello acude al banco a solicitar un préstamo por ese importe. Las condiciones son: un tipo de interés nominal del 8 %. Y un plazo de devolución de 2 años. Utilizando una calculadora de TIE, ¿cuál es el tipo de interés efectivo si los intereses se calculan semestralmente?

Solución:

Teniendo como referencia un tipo de interés nominal del 8 %, el tipo de interés efectivo asciende al 8,16 %.

ACTIVIDADES

1 En un préstamo de 4.200 euros, a un tipo de interés compuesto del 9 %, ¿cuánto interés se pagaría al finalizar los dos años de plazo que se dan para devolverlo?

2 ¿Por qué existe el tipo de interés real o efectivo? Argumenta tu respuesta.

2 El Banco Central Europeo

SABER MÁS

El **Eurosistema**, compuesto por el Banco Central Europeo y los bancos centrales nacionales de los Estados que han adoptado el euro, es la autoridad monetaria de la eurozona.

El Banco Central Europeo (BCE) es el **banco central de la moneda única europea**: el euro. Su objetivo principal es mantener los precios estables en la zona euro. En la figura 8.2, resumimos las funciones básicas del BCE y el resto de bancos centrales nacionales de los Estados que han adoptado el euro.

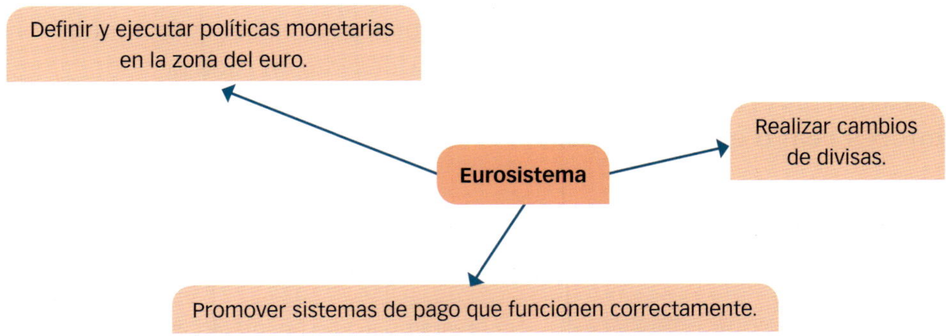

Figura 8.2 Funciones básicas del Eurosistema.

Para cumplir su objetivo principal, el BCE debe mantener el poder adquisitivo de la moneda. Y para ello tiene que controlar **la oferta monetaria y la evolución de los precios**.

GLOSARIO

Poder adquisitivo: Cantidad de bienes y servicios que pueden ser comprados con una cantidad determinada de dinero.

Euríbor: Tipo europeo de oferta interbancaria. Es el acrónimo de **Euro Interbank Offered Rate**.

2.1. El tipo de interés y el euríbor

El tipo de interés es el **precio del dinero**. Este es el precio que el banco central pone al resto de bancos comerciales cuando les concede préstamos. De esta forma, a mayor tipo de interés, más pagan los bancos por los préstamos que soliciten, y mayores intereses para los clientes, que terminarán demandando menos dinero.

Por ello, al hablar de **tipo básico de interés** hacemos referencia al precio al que prestan dinero los bancos comerciales.

Sin embargo, las entidades bancarias también se prestan dinero unas a otras. En estos casos, el tipo de interés de referencia entre bancos es el euríbor, que existe desde el año en que se introdujo el euro (1999).

El **euríbor** es el tipo de interés al que se prestan euros entre sí los bancos europeos.

Sin embargo, los intereses que nos cobran los bancos comerciales a nosotros como particulares están compuestos por este **euríbor más un diferencial**. Ese diferencial está condicionado por:

- El **riesgo de impago** de la persona que solicita el préstamo.
- El **plazo de devolución** del dinero.
- La **capacidad que se tiene para poder devolverlo**.

La figura 8.3 muestra un resumen de todo este proceso de fijación de los tipos de interés de forma más gráfica. Observa:

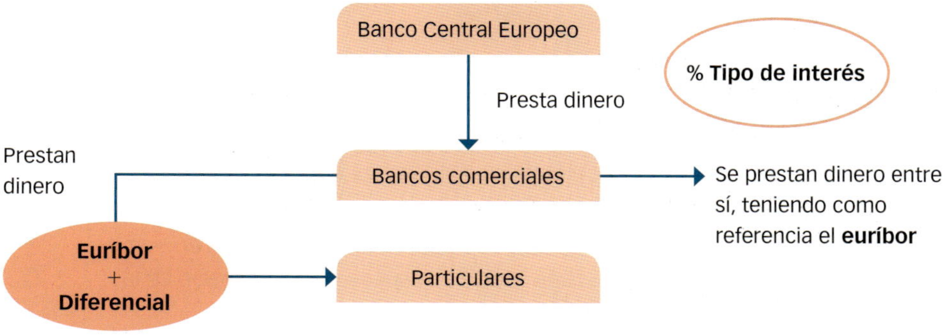

Figura 8.3 Los tipos de interés y el euríbor.

Ejemplo. Euríbor + 1,45

Si en el momento de la firma de un préstamo hipotecario, el euríbor de referencia está al 0,60 % y el diferencial es de 1,45 %, el tipo de interés que se aplica al particular es del 2,05 % (0,60 + 1,45). Y si al revisar el tipo de interés el euríbor estuviera a 1 %, entonces se aplicaría un 2,45 % de interés al préstamo.

2.2. Los tipos de cambio

En la unidad 7 hemos hecho referencia al concepto de cotización como el número de unidades de moneda que hay que entregar para obtener una unidad de otra moneda. Pues bien, el **tipo de cambio** podemos definirlo de forma sencilla como el precio de una unidad monetaria extranjera, pero expresada en el precio de nuestra moneda.

Sin embargo, profundizando un poco más, podemos diferenciar los **dos tipos de cambio** que expresa la figura 8.4.

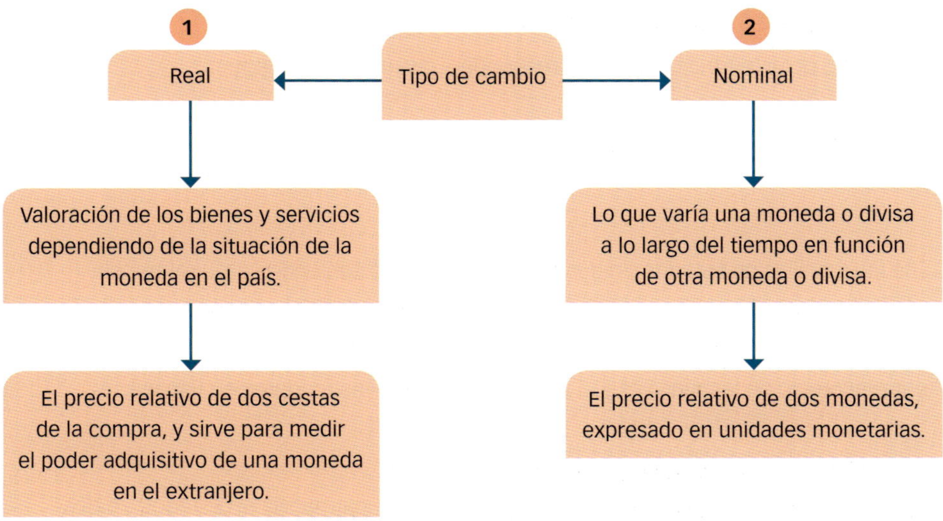

Figura 8.4 Tipos de cambio: real y nominal.

Como se aprecia en la figura, el **tipo de cambio real** es importante si queremos expresar el precio de los bienes y servicios extranjeros en términos de bienes y servicios internos o de España.

ACTIVIDADES

3 Si el Banco Central Europeo baja los tipos de interés, ¿cómo crees que se comportarían los clientes de un banco? ¿Pidiendo más préstamos o menos? ¿Por qué?

SABER MÁS

También cabe la posibilidad del **tipo de cambio fijo**. En la Unión Monetaria Europea, sin ir más lejos, se puso un cambio fijo al euro. Para España, el tipo de cambio fijo con el euro fue de 166,386 pesetas.

EMPRENDEDORES

«Lo que tiene precio,
poco valor tiene».

Friedrich Nietzsche

PASA A LA ACCIÓN

Precios de ordenadores

Imagina que el Reino Unido solo produce ordenadores a un precio de 310 libras esterlinas, y que España produce pantallas para ordenadores a 300 euros. Si queremos conocer el precio de los ordenadores en función de las pantallas españolas, tenemos que expresar el precio de los ordenadores en euros y, después, dividir el resultado entre el precio de las pantallas españolas (los 300 euros):

1. Teniendo como referencia que una libra esterlina equivale a 1,27049 euros, el precio de los ordenadores de Reino Unido asciende a 393,85 euros (1,27049 × 310).
2. Dividimos los 393,85 euros entre 300 euros (precio de las pantallas en España): 1,3128.

De esta forma, el tipo de cambio real es de 1,3128, y significa que con la misma cantidad de euros que puedo comprar un ordenador en Reino Unido, se pueden comprar un total de 1,3128 pantallas de ordenador en España. Dicho de otra manera, los ordenadores en el Reino Unido son más caros que las pantallas de ordenador en España.

SABER HACER

EL TIPO DE CAMBIO REAL

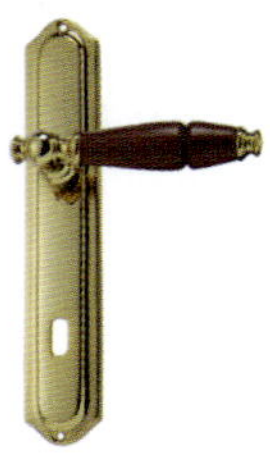

Estados Unidos fabrica manillas para puertas a un precio de 12 dólares. Y España produce tiradores metálicos para puertas a un precio de 5 euros.

Sabiendo que el tipo de cambio dólar/euro es de 0,7876, responde a las preguntas siguientes:

a) ¿Cuál es el tipo de cambio real?

b) ¿Qué significa?

Solución:

a) Primero debemos calcular el precio de las manillas de Estados Unidos en euros. Para ello, teniendo como referencia que un dólar estadounidense son 0,8776 euros, el precio de las manillas asciende a 10,53 euros:

Precio de la manilla en Estados Unidos = 0,8776 × 12 dólares = 10,53 euros.

Y después, calculamos el cociente entre el precio de las manillas y el precio en euros de los tiradores en España; es decir, 2,106:

Tipo de cambio = 10,53 euros / 5 euros = 2,106.

b) Un tipo de cambio de 2,106 significa que con la misma cantidad de euros para comprar una manilla en Estados Unidos, se pueden comprar 2,106 tiradores metálicos en España. Por tanto, las manillas en Estados Unidos son más caras que los tiradores de España.

En cuanto al **tipo de cambio nominal**, hay que tener claro que, a diferencia del tipo de cambio real, refleja el precio relativo de dos monedas expresado en unidades monetarias.

Ejemplo. El tipo de cambio dólar/euro

El tipo de cambio nominal representa el precio relativo de dos monedas y permite conocer si una moneda gana o pierde valor con respecto a otra. Por ejemplo, en un tipo de cambio dólar/euro, si un dólar estadounidense equivalía a 1,2512 euros un 4 de octubre, pero dos días después, el 6 de octubre, lo hacía a 1,2643 euros, significa que el valor del euro con respecto al dólar aumentó. Es decir, que se pueden comprar más dólares con la misma cantidad de euros.

Máx: 1,2686 **Mín:** 1,2685 |

Gráfica intradía | semana | mes | 6 meses | 12 meses | histórico

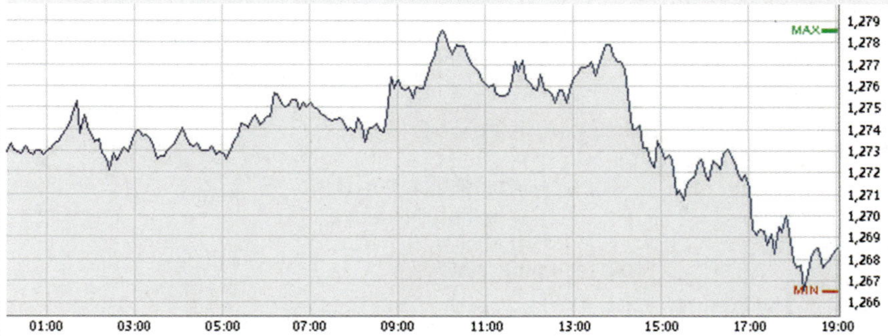

Periodo	Variac. %	Máximo	Mínimo
Semana	0,94	1,2756	1,2500
Este año	-7,31	1,3994	1,2500
Últimos 12 meses	-6,32	1,3994	1,2500

HISTÓRICO COTIZACIONES

Fecha	Apertura	Cierre	Dif.%	Máximo	Mínimo	Volumen
07/10/2014	1,2644	1,2665	0,17	1,2684	1,2584	1.266.765
06/10/2014	1,2513	1,2643	1,04	1,2675	1,2512	1.264.601
05/10/2014	1,2512	1,2513	0,01	1,2516	1,2504	1.251.563
04/10/2014	1,2512	1,2512	-0,03	1,2512	1,2512	1.251.403

EMPRENDEDORES

«El dinero sin cerebro es siempre peligroso».

Napoleon Hill

ACTIVIDADES

4 Indica en tu cuaderno si las afirmaciones siguientes son verdaderas (V) o falsas (F):

	V	F
El tipo de cambio nominal expresa el precio de una moneda con respecto a otra.		
Para comprobar cómo afectan las variaciones que se producen en los precios de un bien o un servicio, hay que tener en cuenta el tipo de cambio nominal.		
Un tipo de cambio euro/dólar indica la cantidad de euros que hay que pagar para poder comprar un dólar.		

ESQUEMA DE CONTENIDOS

1 Copia en tu cuaderno el siguiente esquema de los contenidos de la unidad y completa lo que falta.

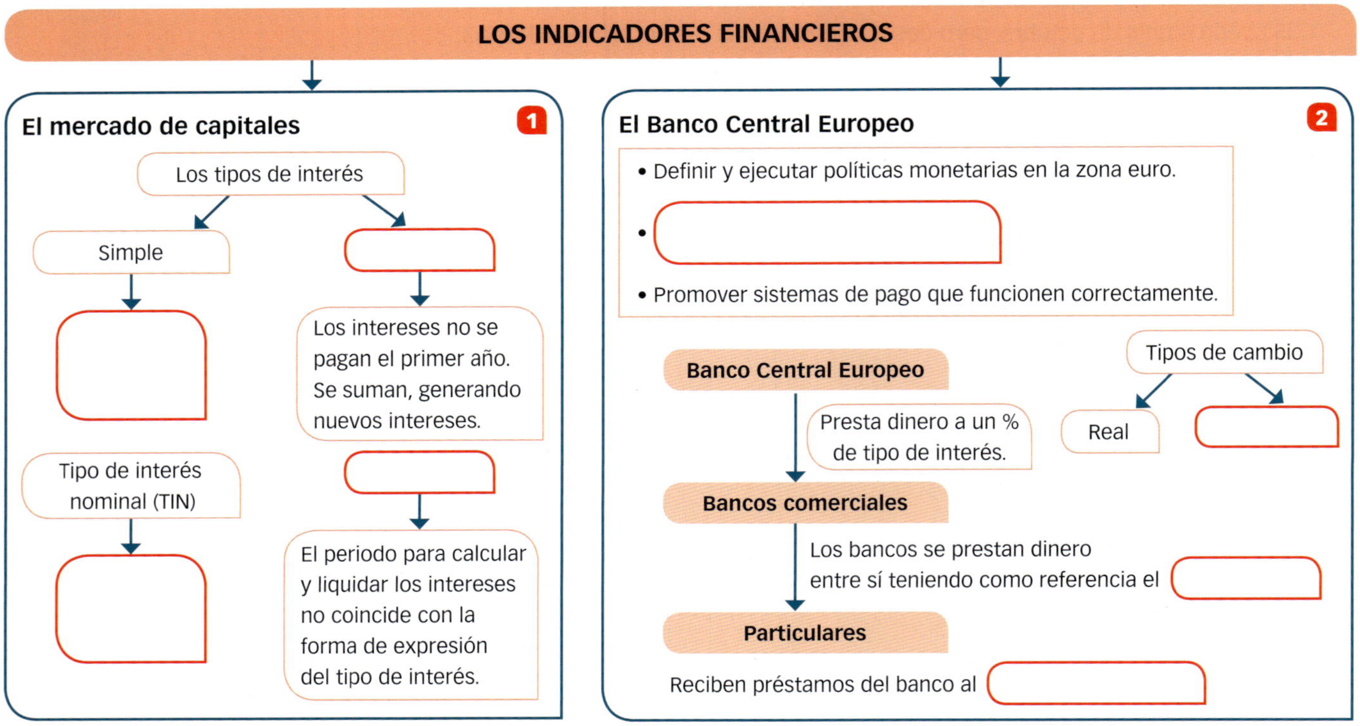

REPASA LO ESENCIAL

2 Indica en tu cuaderno si las afirmaciones siguientes son verdaderas (V) o falsas (F):

SUPUESTO	V	F
En el tipo de interés compuesto, los intereses se pagan a final del año.		
En el TIN, el periodo de cálculo y liquidación de los intereses coincide con la forma de expresar el tipo de interés.		
El objetivo principal del BCE es mantener la estabilidad de los precios.		
El euríbor es el tipo de interés al que se prestan euros entre sí los bancos europeos.		
Para comprobar lo que varía una moneda o divisa a lo largo del tiempo, utilizamos el tipo de cambio real.		
El tipo de cambio real es el precio relativo de dos monedas, expresado en unidades monetarias.		

PRACTICA

3 ¿Cuántos intereses pagarás al año si solicitas un préstamo de 3.000,00 euros a un tipo de interés simple del 9 %? Y si tuvieras que devolverlo en dos años y el tipo de interés fuera compuesto, ¿a cuánto ascenderían los intereses totales?

4 Accede a la página web http://cambioeurodolar.com. Verás una gráfica de este tipo:

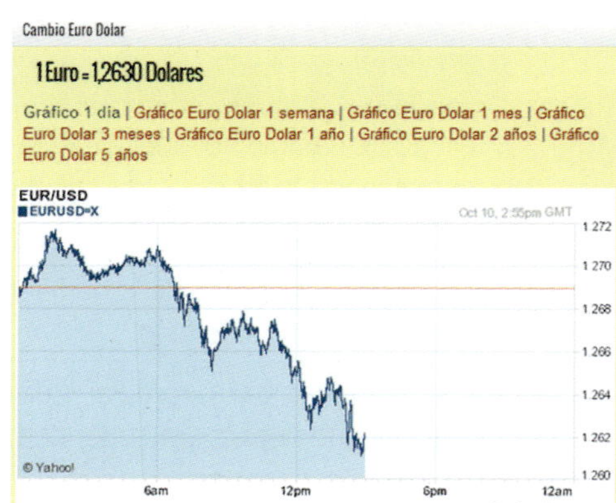

a) ¿A cuánto está el cambio euro/dólar?

b) Según los datos de la gráfica, ¿qué le ha ocurrido durante todo el día? ¿Y qué significa esto?

AMPLÍA

5 En el apartado de Material Educativo de la página del Banco Central Europeo, hay un enlace a un vídeo que explica qué son el Banco Central Europeo y el Eurosistema.

Accede al vídeo a través de la dirección https://www.ecb.europa.eu/ecb/educational/movies/html/index.es.html y responde:

a) ¿Dónde se encuentra la sede del Banco Central Europeo?

b) ¿Quiénes componen el Eurosistema?

c) ¿Cuál es la función principal del BCE?

d) ¿Cómo lleva a cabo su función el BCE?

e) ¿Quiénes forman el Consejo de Gobierno del BCE?

EUROPEAN CENTRAL BANK

AUTOEVALÚATE

6 A continuación te proponemos un cuestionario para que valores tus conocimientos generales sobre productos financieros.

Solo tienes que rodear con un círculo la respuesta correcta.

N.º	PREGUNTA
1	Si lo que pretendes es conseguir dinero para comprar una moto, estás haciendo referencia a la: a) Financiación. b) Inflación. c) Prestamización. d) Inversión.
2	¿Con cuál de estos productos estarías hablando de financiación? a) Los intereses. b) La inflación. c) Los bancos. d) Los préstamos.
3	El préstamo que puede permitirnos disponer de la cantidad necesaria para comprar o rehabilitar una vivienda u otro inmueble, se llama: a) Préstamo de consumo. b) Préstamo personal. c) Préstamo hipotecario d) Préstamo de edificio.
4	Cuando la cuota que hay que pagar en un préstamo se revisa cada cierto tiempo, ajustándose a las condiciones del mercado, estamos aplicando: a) El tipo de interés fijo. c) El tipo de interés mixto. b) El tipo de interés variable. d) El tipo de interés del mercado.
5	En cuanto a los préstamos hipotecarios y el tipo de interés... a) Si el tipo de interés es variable, la cuota que hay que pagar permanece fija durante la vida del préstamo. b) Si el tipo de interés es mixto, se cobra un tipo de interés fijo los primeros años y el resto será un interés variable. c) Si el tipo de interés es fijo, la cuota mensual varía durante la vida del préstamo. d) Ninguna de las respuestas anteriores es correcta.
6	El tipo de interés aplicado a las operaciones entre bancos en Europa es: a) El margen diferencial. b) El bankíbor. c) El euríbor.

¿Bocadillo de salchichas o perrito?

A estas alturas sabes que el tipo de cambio es el precio de una moneda con respecto a otra.

Pero vamos a trabajar un poco más el concepto haciendo que busques y utilices cierta información.

Si te decimos que el precio de un bocadillo de salchichas en Múnich es de 3 euros, y que en Boston un perrito caliente vale 2 dólares, ¿cuesta más un bocadillo de salchichas en Múnich o un perrito caliente en Boston?

Resuelve en tu cuaderno este supuesto siguiendo los pasos y respondiendo a las preguntas que te planteamos en la tabla siguiente:

Paso 1 (búsqueda de información) Expresa el precio del bocadillo de salchichas en dólares.	Respuesta
Pregunta: **¿qué tienes que saber primero?** Ayuda: si en un buscador como Google pones «euro dólar», automáticamente te devuelve la respuesta de a cuántos euros equivale un dólar estadounidense. Si, por el contrario, indicas «dólar euro», te devuelve la respuesta de cuántos dólares estadounidenses son un euro.	

Paso 2 (tratamiento de la información) Obtén el precio relativo.	Respuesta
Pregunta: **¿cuál es el tipo de cambio real entre el bocadillo de salchichas y el perrito caliente?** Ayuda: el tipo de cambio real nos permite obtener el precio relativo de dos monedas, expresado en unidades monetarias.	

Paso 3 (análisis e interpretación)	Respuesta
Pregunta: **¿cuesta más o menos un bocadillo de salchichas en Múnich que un perrito caliente en Boston?** Ayuda: con el mismo dinero, compara cuánto podemos comprar de un producto y cuánto del otro.	

AQUÍ Y AHORA

La empresa es…

LA PÁGINA WEB

http://www.mcdonalds.es/

LA PERSONA

Richard J. McDonald

A QUÉ SE DEDICA…

McDonald's es una cadena de restaurantes de servicio rápido. Sus principales productos son las hamburguesas, patatas fritas, refrescos, batidos, helados, sándwiches y menús para el desayuno.

EL COMIENZO…

A finales de los años treinta, los hermanos McDonald, conocidos como Dick y Mac, pidieron un préstamo de 5.000 dólares para poner en marcha un puesto de *hot dogs* en California llamado Airdrome. Y aunque todo iba bien, su obsesión por servir más rápido y mejor les llevó a centrarse solo en hamburguesas, patatas fritas y batidos de leche. En ese momento, influidos por la industria del automóvil, los hermanos utilizaron el mismo proceso de línea de montaje a la hora de preparar sus alimentos y mejorar en el tiempo de servicio. Lo llamaron: sistema *sppedee*. Fue tal el éxito, que en solo 6 años abrieron 9 establecimientos y vendieron 21 franquicias. Pero fue a partir de los años cincuenta cuando realmente experimentaron la verdadera revolución que les llevaría a abrir establecimientos por todo el mundo. Primero, el hecho de comprobar que el 80 % de sus ganancias provenían de las hamburguesas. Algo que hizo que cerraran el Airdrome convirtiéndolo en el actual McDonald's. Y segundo, la incorporación de Ray Crock como agente de franquicias, un soñador que veía el potencial del negocio y que fue quien abrió la primera franquicia en 1955 en Illinois y, en poco tiempo, 200 restaurantes más.

AHORA…

McDonald's se expande por todo el mundo, es una empresa líder mundial en restaurantes de servicio rápido, con unos 33.000 establecimientos abiertos en 11 países, con cerca de 60 millones de clientes diarios y casi 2 millones de empleados.

INICIATIVA EMPRENDEDORA…

Dado que McDonald's está presente en todo el mundo, la revista británica *The Economist* elabora anualmente un índice Big Mac, que consiste en comparar el precio de la hamburguesa en los países donde se vende. Observa la imagen y responde:

a) ¿Qué divisa se toma como referencia para comparar los precios?

b) Si el precio de referencia, el Big Mac en Estados Unidos, es de 4,62 dólares, ¿en dónde está más cara? ¿Y más barata?

c) Teniendo como referencia el tipo de cambio euro/dólar vigente, ¿cuántos euros debería costar una hamburguesa en la zona euro? ¿Cómo interpretas este resultado?

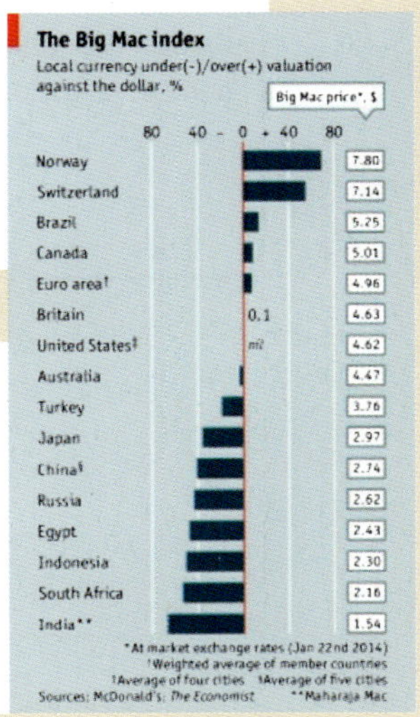

HABILIDADES EMPRENDEDORAS…

En el texto que refleja los comienzos de McDonald's, puedes leer frases que tienen que ver con las cualidades o habilidades del emprendedor. ¿Sabrías decir a cuáles hace referencia?

Plan de empresa

Un buen **plan de empresa** no se hace en dos minutos. Y si te dicen lo contrario, te están engañando. Pero sí podemos proporcionarte una guía para que, en unos minutos, dibujes el aspecto que tendrá el plan que debes ir trabajando y perfeccionando a lo largo del tiempo.

Se trata de un «lienzo» de nueve apartados en el que podrás trazar **las ideas fundamentales** que tienes en tu cabeza, y en lo sucesivo modificarlo según avances en la maduración de tu proyecto...

La idea de negocio

El objetivo es que seas capaz de plasmar tu idea de negocio en una hoja, recogiendo la información más importante de las áreas clave de una empresa.

En la imagen siguiente están representados los nueve apartados tal y como deben quedar reflejados en el «lienzo». Pero ten en cuenta que debes construirlo siguiendo un orden concreto.

8 SOCIOS
Averigua con quién asociarte o aliarte para lograr un buen funcionamiento de tu negocio (empresas, instituciones, proveedores...).

6 ACTIVIDADES
Indica **qué actividades son claves** en tu negocio para ofrecer valor a los clientes.

1 VALOR
Define la **solución** que ofreces a los clientes. Qué valor aporta tu producto y/o servicio.

3 RELACIONES
Decide cómo te vas a relacionar con los clientes, sabiendo bien qué **tipo de relación** quieren ellos: personal, red social...

9 COSTES
Calcula qué **gastos** tiene tu negocio.

7 RECURSOS
Piensa qué recursos necesitas **para ponerte en marcha**.

5 INGRESOS
Explica de dónde salen **tus ingresos**, cuáles son las fuentes de esos ingresos.

4 CANALES
Piensa cómo vas a llegar a los clientes: **cómo comunicar**.

2 CLIENTES
Conoce muy bien **quiénes son tus clientes**, ya que son la base del negocio.

¿Qué valor aportas?

Si te fijas, es un «lienzo» donde puedes ir colocando con *post-it* la información de cada uno de los nueve apartados. Así, tendrás una visión global y muy gráfica de lo más importante que debe contener tu plan de empresa. Lo bueno de utilizar esta herramienta es que puedes ir modificándola. Para ello, solo debes cambiar la información sustituyendo unos *post-it* por otros.

Observa que todo está **orientado al cliente**. Y, sobre todo, al valor que aportas.

Nunca olvides que tu idea debe contener algo que la **diferencie del resto**. Si no creas valor para el cliente, no estás emprendiendo.

Organizar el plan

Es muy importante que sigas un orden concreto. Y puesto que lo mejor es centrarse en **el cliente y el valor** que le aportamos, debes comenzar por la **parte derecha** del lienzo y hacerte una serie de preguntas.

VALOR

¿Qué valor ofrece mi producto y/o servicio?

¿Ayudo a resolver algún problema?

¿Cubro alguna necesidad concreta?

¿Ofrezco lo mismo a cada cliente?

Ayuda:

Refleja el concepto de la idea, las acciones que llevas a cabo y que te diferencian de la competencia: atención al cliente, la marca, el diseño, el precio, la innovación…

Refleja el concepto de la idea, las acciones que llevas a cabo y que te diferencian de la competencia: atención al cliente, la marca, el diseño, el precio, la innovación…

CLIENTES

¿Para quién estoy creando valor?

¿Quiénes son mis clientes más importantes?

Ayuda:

Indica si te diriges a todo el mercado, a un tipo de cliente, las características de los clientes…

RELACIONES

¿Qué tipo de relaciones quieren tener mis clientes conmigo?

¿Voy a relacionarme igual con cada uno de los clientes?

¿Qué quiero que inspire mi negocio en ellos?

¿Qué quiero que perciban los clientes de mi negocio?

Ayuda:

Aclara si llevas a cabo una relación personal, si el cliente se sirve solo (*self-service*), si diseñas el producto o servicio junto con el cliente, si te relacionas con el cliente a través de las redes sociales…

CANALES

¿Cómo llego a mis clientes? ¿Cómo estás en contacto con los clientes? ¿Cuál es el canal de comunicación que mejor te funciona? ¿Qué dificultades puedes tener a la hora de comunicarte?

Ayuda:

Marca si das importancia al servicio posventa, si haces que llegue el producto a la casa del cliente, si necesitas intermediarios para distribuir el producto o subcontratar algunos trabajos, si el cliente evalúa tu actividad, si tienes distribuidores o comerciales que vendan tu producto o servicio, si vendes a través de una tienda *on-line*...

La **parte izquierda** del lienzo hace referencia a **lo que necesitas** para llevar a cabo tu idea de negocio y que cree valor.

ACTIVIDADES

¿Qué actividades son las más importantes en la empresa para crear valor? (Producción, marketing, personal...).

¿Qué actividades son tan importantes que no pueden realizarlas otras personas externas a la empresa?

¿Qué actividades tienen que ser comunicadas y conocidas por los clientes?

Ayuda:

Determina cuáles son las actividades clave que harán que tu idea de negocio funcione: solucionar problemas, atender al cliente, la producción...

RECURSOS

¿Qué necesito para poner en marcha mi negocio y mis acciones de comunicación?

¿Tengo suficientes recursos o tengo que acudir a alguien? (Personas, dinero, experiencia...).

Ayuda:

Identifica los recursos físicos que necesitas, los recursos intelectuales (marcas, patentes...), los recursos personales (perfiles profesionales específicos)...

SOCIOS

¿Necesito aliarme con alguien? ¿Quiénes son mis socios más importantes? ¿Cómo me relaciono con mis socios?

Ayuda:

Decide si debes compartir maquinaria o instalaciones con otras empresas o personas, asociarte con competidores, llevar a cabo alianzas con proveedores, relacionarte de forma estrecha con ayuntamientos u otras instituciones, hacer una sociedad con otras empresas...

COSTES

¿Cuáles son las actividades que más le cuestan a la empresa?

¿Cuál es el precio que hay que pagar para invertir en la empresa? (Publicidad, fabricación, personas…).

¿Qué costes son siempre iguales y cuáles varían en función de lo que se haga en la empresa? (Luz, agua, salarios…).

Ayuda:

Averigua los sueldos que tienes que pagar, las comisiones, cuáles son los costes de maquinaria, los costes de las instalaciones, del agua, la luz, la electricidad, la publicidad…

INGRESOS

¿Qué ingresos me van a generar los clientes?

¿Es suficiente o necesito más?

¿De dónde puedo obtener más ingresos?

¿Cómo me pagan los clientes?

Ayuda:

Constata si los clientes pagan una sola vez, si pagan por servicios posventa, si obtienes ingresos por publicidad, si tienes una lista de precios fijos, si te pagan por el uso de un servicio, si generas ingresos por suscripciones…

Un ejemplo

La imagen siguiente puede servirte de ejemplo para que veas algo similar a lo que puede ser tu lienzo:

Dirección de arte: José Crespo González.

Proyecto gráfico: Estudio Pep Carrió.
Fotografía de cubierta: Leila Méndez.

Jefa de proyecto: Rosa Marín González.
Coordinación de ilustración: Carlos Aguilera Sevillano.
Jefe de desarrollo de proyecto: Javier Tejeda de la Calle.
Desarrollo gráfico: Raúl de Andrés González y Jorge Gómez Tovar.

Dirección técnica: Jorge Mira Fernández.
Subdirección técnica: José Luis Verdasco Romero.

Coordinación técnica: Julio del Prado Martínez.
Confección y montaje: Jorge Borrego Luque y Luis González Prieto.
Corrección: Cristina Durán González y Nuria del Peso Ruiz.
Documentación y selección fotográfica: Sergio Aguilera Rubio.

Fotografía: D. López; J. Jaime; J. Lucas; J. M. Borrero; Prats i Camps; S. Enríquez; S. Yaniz; T. Arias; A. G. E. FOTOSTOCK/Tao Images, Alfred Abad; ALBUM/ Prisma, akg-images/ Michelin, akg-images, Erich Lessing; COMSTOCK; CORDON PRESS/Kim Kulish/Corbis, Ron Sachs/Corbis; DIGITALVISION; EFE/ZUMAPRESS/lafototeca.com/Cliff Hide, Eugeni Aguilo/EFE/lafototeca.com, Mariam A. Montesinos, EPA/Barbara Walton, J. M. Espinosa, EPA/Andy Rain, John Sevigny, Franck Fouquet/ZUMAPRESS/lafototeca.com, J. Benet; GARCÍA-PELAYO/JUANCHO; GETTY IMAGES SALES SPAIN/Photos.com Plus, Eryk Fitkau, Thinkstock, Fort Worth Star-Telegram/MCT, Keystone/Hulton Archive, Thinkstock/Stockbyte, Cover/Cristina Arias, AFP/Carlos Montagnos; GTRESONLINE/ASSOCIATED PRESS; HIGHRES PRESS STOCK/AbleStock.com; I. PREYSLER; ISTOCKPHOTO/Getty Images Sales Spain, Natalia Bolshan; JOHN FOXX IMAGES; PHOTODISC; STOCKBYTE; Designed and screenprinted by Simon Laliberté; Hermanos Farga/Farga Barcelona; Leroy Merlin/ Groupe Adeo; Kathryn Minshew/The Muse; Chupa Chups S.A.; Cirque du Soleil/Al Seib/ Dominique Lemieux; Cortesía de Apple; Magellan; MUSEO NACIONAL CENTRO DE ARTE REINA SOFÍA; SERIDEC PHOTOIMAGENES CD; ARCHIVO SANTILLANA.